10대들의 상처를 보듬는 마음 쉼 카페

서원쌤의 공감 상담실

서원쌤의 공감 상담실

2022년 1월 10일 초판 1쇄 발행

지은이 _ 문서원
펴낸이 _ 김종욱

편집 주간 _ 선종규
교정·교열 _ 조은영
디자인 _ 연일
마케팅 _ 백인영, 송이솔
영업 _ 김진태, 이예지

주소 _ 경기도 파주시 회동길 325-22 세화빌딩
신고번호 제 382-2010-000016호
대표전화 _ 032-326-5036
내용문의 _ soony27@hanmail.net
구입문의 _ 032-326-5036/010-6471-2550/070-8749-3550
팩스번호 _ 031-360-6376
전자우편 _ mimunsa@naver.com

ISBN 979-11-87812-29-6 03190

청소년을 이해하고 싶은
교사들과 부모들의 상담 가이드북

서원쌤의
공감 상담실

문서원 지음

10대들의 상처를 보듬는 마음 쉼 카페

"지금 마음 어때? 괜찮아, 토닥토닥."

미문사

프롤로그

그동안 학교에서 만났던 수많은 아이들 중에서 아직도 나의 머릿속에 지울 수 없는 잔상으로 남아 있는 아이들이 있습니다. 그 사례를 모아 글을 쓰려고 하니 그 아이들과 함께했던 순간이 떠올라 애잔함에 코끝이 시큰해집니다.

나는 아이들과의 만남을 소중하게 여기고 그들의 표정과 눈빛, 숨소리까지도 놓치지 않고 세심하게 귀 기울였습니다.

이 책을 세상에 내놓는 지금 상담실 속에서 우리들만의 특별한 관계 맺기로 베일에 가려진 그 비밀의 커튼을 젖히고 속살을 살포시 드러내 보이는 느낌입니다.

상담실 안을 가득 채운 훈훈한 공기와 다양한 표정들, 그리고 어떤 향기와 색깔들, 그 풍경이 이 책을 통해 사람들에게 전해지면 좋겠습니다. 독자들이 이 책을 읽으면서 잠시라도 우리의 가슴을 요동치던 그 심장 박동을 함께 느낄 수 있으면 좋겠습니다. 이 책은 나의 교직 생활에서 가장 보람 있었고 열정과 혼신의 땀이 묻어난 인생사입니다. 부족한 부분은 부족한 대로 가감 없이 진솔하게 내보이고자 합니다.

내가 전문 상담 교사가 된 계기는 우리 아이가 초등학교 시절 2년간 고문 수준의 심각한 학교 폭력을 당했던 일로 20년이 지난 아직도 치유되지 않은 채 살아가고 있기 때문입니다.

그 당시 부모로서 그 사실을 알아차리지 못한 자책감은 비통을 넘어 삶의 방향을 잃고 살아있는 것조차도 아이에게 미안했습니다. 그래서 난 이 일을 소명처럼 시작하게 되었습니다.

그 당시 학교 폭력 관련 예방 단체가 있었지만 크게 도움을 받지 못했습니다. 문제 해결책을 찾기위해 헤매던 중에 같은 아픔을 겪고있는 피해자 가족들을 만나 서로 위로하며 힘을 얻었습니다. 그때 우리 피해자 가족들이 하나둘 모여 학가협(학교 폭력 피해자 가족협의회)이라는 자조 모임을 만들어 온몸으로 울부짖으며 거리로 나갔습니다.

이 사회에 학교 폭력의 심각성을 알리고 정부 기관과 언론에 대책을 호소하며 발을 동동거렸던 기억이 납니다. 학가협 조종실 회장님의 피나는 노력 끝에 사회에 작은 변화를 일으켰고 지금은 교육부 지원으로 (사)학가협에서 해맑음센터를 운영하고 있습니다. 이곳은 학교 폭력 피해 학생과 가족들을 위한 기숙형 심리 치유 기관으로 5개권역에 피해자 보호지원 전담센터를 설치해 활발히 활동하고 있습니다.

상담을 통해서 아이들 문제가 모두 해결되는 것은 아닙니다. 서서히 호전되기도 하고 저항이 심해 때로는 중도에 그만두는 아이도 있습니다. 내가 도움을 주지 못했을 때 나의 한계를 통감하며 좌절하던 시간도 있었습니다.

한편 꿈이 좌절된 아이들에게 희망과 용기를 주고, 친구로부터 상처받은 아이들에게 심리적인 힘을 길러 주고 호전되는 모습을 보며 내가 그 아이의 삶의 길목에서 조금이라도 도움이 되었다면 감사한 일입니다. 아이들 한 명 한 명이 소중한 존재였습니다.

함께 고민하고 함께 있어 주고 잠재력을 믿어 주고 스스로의 변화를 기다려 주는 일은 그 어떤 상담 기법보다 더 중요함을 알게 되었습니다. 나도 그 아이들과 함께 성장할 수 있는 시간이었습니다. 가장 중요한 건 역시 가슴으로 다가가는 진정성 있는 상담자의 모습이었습니다.

내가 책을 내고자 했던 이유는 상담 사례집이 많이 있지만 대부분은 이론 중심의 사례 연구나 보고서 형식입니다. 그리고 전문 상담 교사가 학교 현장에서 경험한 생생한 아이들과의 얘기가 없어서 늘 아쉬웠기 때문입니다. 또 하나의 이유는 학교의 공감 상담실인 Wee클래스를 알리고자 함입니다. 여기에서 Wee란 We우리들+ education교육+ emotion감성의 합성어입니다. Wee 프로젝트가 2008년에 시작되었지만 아직 일반인들은 생소하게 느낍니다. 학교에는 Wee클래스가 있고 지역 교육청에는 Wee센터가 있고 도교육청에는 Wee스쿨이 있습니다. 위기 상황에 따라 단계적으로 지원을 하고 있습니다.

"요즘에 핫한 직업 Wee클래스 상담 교사 되기"라고 SNS에 많은 글이 올라온 걸 보게 되었습니다. 다른 교과 기간제 교사들도 전향하여 많이 응시한다고 합니다. 앞으로도 계속 수요가 늘어날 것이고 전망은 밝은 게 사실입니다.

2011년 대구 중학생 자살 사건을 계기로 각 학교에 상담 교사나 상담사를 확대 배치하였습니다. 학교에서 전문 상담 교사 역할이 얼마나 중요한지 후배 교사들에게 자긍심을 심어 주고 보람과 더불어 사회에 꼭 필요한 존재로 인식되길 바라는 마음입니다.

심리 검사 도구로는 표준화 검사와 투사적 검사가 있는데 대부분 두 가지를 병행해서 사용합니다. 그러나 저는 투사법을 주로 사용했습니다. 학교 상담은 단기 상담이 많고 아이들은 한 시간 안에 즉각적으로 문제 해결을 원하고 무엇인가 변화를 느끼고 싶어 합니다. 그런 욕구를 바로 채워 줄 수 있고 무의식을 보다 잘 읽을 수 있는 것이 미술 치료와 그림 검사였습니다. 특히 상담에 대한 저항이 심하고 말을 하지 않는 내담자의 경우 미술 치료와 그림 검사를 통해 전문가로서의 상담 교사를 신뢰하게 되고 마음을 여는 경우를 많이 보았기 때문입니다.

이 책은 상담 사례뿐 아니라 '나를 다시 만나다'라는 코너에 사례 주인공들의 생생한 목소리도 실었습니다.

이 글은 저의 글보다 더 감동적입니다. 2부에는 심리 검사와 위클래스 활동 사례도 수록하였습니다.

다양한 정보를 주고자 책 속에는 유관 기관에 대해 언급도 있습니다. 그래서 조심스럽고 불편한 진실도 있습니다. 내가 도왔던 방법들이 결코 정답은 아닙니다. 하지만 선생님들이 이 책을 통해서 더 좋은 영감을 얻고 좀 더 나은 방향으로 한 발 나아갈 수 있으면 좋겠습니다.

글 속의 인물은 모두 가명이고 약간의 가감이 있습니다.

끝으로 어렵게 상담실 문턱을 넘어 나를 믿고 찾아와준 아이들과 동료 교사들, 학부모님들께 감사드립니다.

학생들과 마주했던 시간을 떠올리며 이 책을 쓰는 내내 저는 전문 상담 교사로서 행복했습니다.

추천사 1

Wee클래스 운영 지침서

이 책의 저자인 문서원 선생님을 알게 된 것은 2013년쯤으로 거슬러 올라간다. '움직임을 통한 학교 폭력 예방'이라는 당시로서는 보기 드문 프로그램에서 낯선 손님을 서슴없이 관사로 초대해 준 따뜻하고 화통한 분이었다.

세월이 흘러 어느 날 서원 샘이 상담 교사로서의 삶과 아이들과의 만남을 정리한 책을 낸다고 했을때 선생님이라면 능히 이루어 내실 만하다 싶었다. 이 책은 1년치 Wee 클래스 운영 지침서라고 할 수 있을 정도로 꼼꼼하게 상담 사례와 활동을 총정리한 첫 시도가 아닌가 싶다.

책을 읽는 내내 내가 너를 아는 가장 좋은 방법으로 너에 대해 귀 기울여 듣는 아름다운 마음이 느껴졌다.

이 책에서 서원샘은 마라톤의 페이스 메이커이고, 후배 교사로서 나는 그 길을 조심스럽게 따라가 볼 뿐이다.

용당초등학교 전문상담 교사 옥은희

메마른 아이들 마음에 내리는 단비가 되기를

전문 상담 교사가 쓴, 학교 상담에 관한 책이 나온다는 이야기를 들었을 때 얼마나 반가운 마음이었는지 모르겠습니다. 신규 연수 때 강사로 만난 인연으로 알게 된 서원샘의 마음속 열정의 나비가 날갯짓 한 번으로 멋진 책을 탄생시킨 것이지요. 이것이야말로 진정한 나비 효과라 할 수 있겠습니다.

청소년은 흔히 질풍노도의 시기라 부릅니다. 질풍노도, 그 빠르게 부는 바람과 무섭게 소용돌이치는 물결을 더 잘 이해하고자 나는 이 직업을 선택했습니다. 누군가를 이해하고, 알아간다는 것은 참으로 기쁜 일이지만 동시에 노력이라는 작업이 수반되어야 합니다.

정현종 시인이 쓴 방문객이라는 시에 보면 한 사람이 온다는 것은 어마어마한 일이며, 이것은 그의 과거와 현재와 미래가 함께 오는 것이라고 되어 있습니다. 상담실에서 한 아이를 만난다는 것은 저에게도 참으로 어마어마한 경험입니다.

이 책이 청소년을 더 이해하고 싶은 모든 교사와, 학부모님에게 큰 도움이 되기를 소망합니다. 가물어 메마른 땅과 같은 청소년의 마음에도 단비가 내릴 그날을 기대하며.

이호중학교 전문상담 교사 **정단비**

관계의 상처 속에 치유와 희망을 발견하는 책

최근 우리나라는 한 해 중고등학생들의 학업 중단이 6만 명입니다. 학교 현장에서 하루 152명의 아이들이 학교를 떠납니다. 교육은 영혼을 빚어내는 고귀한 과정인 데도 학교는 성적, 입시 등의 경쟁으로부터 자유롭지 못한 가운데 학생들은 배움의 과정에서 기쁨을 누릴 권리, 선택의 권리를 잃고 자기 주도성을 박탈당하고 있는 현실에 놓여 있습니다. 학교에서 꿈이 아닌 절망을 경험하고, 아이들은 왜 학교에 가야 하는지, 학교의 존재 이유에 대해 끊임없이 질문하고 있습니다. 그렇지만 교실에서 아직 희망을 버리지 않은 서원샘 같은 분들이 계시기에 우리의 교육은 밝게 성장해 나아갈 것입니다. 이 책을 보면서 많은 친구들이 공감하며 관계의 상처 속에 치유와 희망을 발견하지 않을까 생각합니다. 답답한 현실 속에 선생님의 따뜻한 체온이 스며들어 꽃피게 할 희망의 단서가 이 책 여기저기에 다양한 사례로 녹여져 있습니다. 이 책은 상담 교사들과 학부모 그리고 교육이라는 이름으로 함께하고 있는 많은 이들에게 다양한 치유 방법과 영감을 제시할 수 있을 것입니다.

매화고등학교장 **김용순**

추천사 4

선생님 글에는 봄을 기다리는 눈 속 꽃 같은 아이들이 있다.

학교에 근무한다고 하면 대부분의 사람들은 인생에서 가장 아름다운 아이들과 함께 있으니 얼마나 좋을까 하며 부러운 시선으로 바라본다. 그런데 '학생지원센터' 팀장이라 하면 무서운 학교 폭력의 학생들을 떠올리며, 불쌍한 시선으로 나를 바라본다.

문서원 선생님의 글을 읽으며 올해 내가 학교폭력대책 심의위원회를 진행하며 만났던 많은 아이들이 겹쳐졌다. 학교 폭력 가해자든 피해자든 똑같이 우리가 돌봐야 할 학생들이라고 말하는 선생님에게 든든한 동지애를 느꼈고, 폭력을 저지르는 학생들이 자신들은 장난으로 한 행동이라지만 피해 학생에게는 치명적인 상처로 남아 있음을 그들은 모른다는 것에 공감했다.

사례를 다룬 대부분의 책들은 어린 시절 읽었던 동화처럼 해피엔딩으로 막을 내린다. 그러나 우리 삶의 현실은 그렇지 못하다.

선생님의 글은 이런 현실을 반영한 솔직함이 있다. 드라마보다 더한 현실의 반전을 만나기도 한다. 변덕스러운 아이들의 모습에 상처를 받고 또 다른 아이의 긍정의 피드백에 희열과 반가움을 느끼는 일상적인 모습이 있다면 가은이 사례에서는 자해하고 싶을 때 상담실에 와서 하라는 두툼한 배짱과 행여나 오면 어쩌나 하는 여리함을 동시에 보게 된다.

테러를 당한 느낌이었다는 솔직한 고백도 있고 그 가해자를 부둥켜안고 같이 울었다는 부분이나 보호 관찰 대상 학생에게 반찬을 만들어 전해 준 모습에서 따뜻한 엄마의 마음이 느껴졌다.

선생님의 글 속에는 누구에게나 있지만 누구에게나 같은 모습이 아닌 '엄마'를 만나게 된다.

그리고 단호히 학교 방문을 거절했던 어머니의 기막힌 사연에 가슴이 먹먹해진다. 매일 아침 눈 뜨는 게 무서운 또 다른 피해자 어머니를 만나 보듬는 선생님을 만나게 된다.

선생님의 책 속에는 다양한 사례와 상담 기법, 그리고 심리학 이론들이 담겨 있어 위(Wee)클래스 선생님들이 실제로 도움을 얻을 수 있을 것으로 확신한다.

번아웃으로 쓰러질 것 같은 상담 선생님들. 그들의 롤모델이 된 문서원 선생님을 응원한다.

그리고 꽃이 필 때 자신의 열기로 주변의 눈을 녹이며 눈 속에서 노랗게 꽃을 피우는 복수초(福壽草)처럼 상처받은 아이들이 세상에 마음을 열고 피어날 수 있기를, 세상에 복수(復讐)하지 않고 자신에게 주어진 달란트를 찾아 행복한 꿈을 꾸며 살 수 있기를 기대해 본다.

평택교육지원청 장학사 **우선영**

차 례

Part 1 불안, 그 불편한 동반자와 살아가기

시시 때때로 불안이 밀려와요.

어서 와 상담은 처음이지?
불안은 위험에 대처하는 본능적 반응이란다.
그래서 너의 지금의 감정은 자연스러운 것이란다.

착한 아이 콤플렉스 아진이(고1 여)

● 입학식과 봄, 그리고 친구들

갓 중학교를 졸업한 아이들이 설레는 마음으로 입학하는 고등학교 봄이다. 새 교복을 입고 등교하는 아이들을 보고 있자면 찬 바람이 다 가시지는 않았어도 어딘가 따뜻한 볕이 내려오는 계절에 감사한 마음이 들기도 했다.

아이들은 모두들 들뜬 마음으로 새 학기를 향한 꿈에 부풀어 있다.

'또다시 시작'이라는 작은 희망이 가슴 한편에 설렘으로 물들고 있다. 온통 왁자지껄한 아이들 사이에서도 때로는 조용한 아이, 새로운 환경이 두려운 아이가 있기 마련이다. 그런 아이 중 하나가 아진이였다.

● 잘 맞지 않는 껍딱지

아진이는 초등학교 6학년 때 따돌림당했던 적이 있어서 불안 심리가 내재되어 있었고 친구들이 무섭다고 했다.

그런데 아진이는 항상 밝게 웃는 아이였다. 생글생글한 모습으로 겉으로는 아무런 문제가 없어 보였다. 그랬던 아진이가 고등학교에 진학해서 모처럼 미나라는 친구를 만나서 혼자라는 시선은 모면했다. 아진이는 미나와의 관계 덕분에 따돌림을 당하는 상황에서 벗어날 수 있었고, 정상적인 친구가 있는 '학교생활'을 기대하고 있었다. 그러나 봄날은 결코 오래 가지 못했다.

우정으로써 미나와 아진이는 서로의 아픔을 치유하는 듯했지만, 놀랍게도 아진이의 마음 안에서는 속 모르는 고통이 무럭무럭 자라고 있었다.

미나는 아진이의 일거수일투족을 감시하며, 아진이의 개인적인 학교생활이나 정상적인 교우 관계를 맺는 것을 방해하고 있었다. 아진이가 도서관을 가거나 상담실에 올 때, 심지어 화장실에 갈 때에도 미나는 아진이를 따라다녔고, 그러한 행동에 대해 차마 "싫다"라고 표현하지 못하는 아진이의 입장을 미나는 헤아리지 못했다.

아진이는 껌딱지처럼 붙어 다니면서 자신에게 의지하는 미나 때문에 무척이나 힘들어했다. 아진이가 상담을 할 때도 밖에서 기다릴 정도로 잠시도 틈을 주지 않았다. 미나의 집착은 날이 갈수록 심해졌다. 결국 건강한 관계가 아닌, 아진이의 심리를 산산조각 내는 결과가 되고 말았다.

미나에 대한 아진이의 생각은 '서로 통하는 것도 하나 없고 이기적이고 나에게 의지하는 것도 부담스럽고, 짜증만 내고 배려심도 없다'라는 것이었다.

"너무 힘들어요. 하지만 벗어날 수 없어요."

아진이는 돌아가신 외할머니한테 가고 싶다고 말할 정도로 지쳐 있었다. 다른 사람들이 아진이가 착하다고 말할 때, 나는 "그게 아닌데 착한 척하는 거예요."라고 했다. 즉, 자신의 마음은 돌보지 못하면서 다른 사람들의 마음을 돌보는, 일종의 '착한 아이 콤플렉스'에 시달리고 있었다.

아진이의 모습은 매우 위태로워 보였고, 안타까웠다. 아진이는 사회복지사가 꿈이고 다른 사람을 도와주고 싶다고 했다. 내년에는 미나와 같은 반이 안 되었으면 좋겠다고 했다. 나는 이에 대해 담임 교사한테 미리 얘기하면 반 배정할 때 고려할 것이라고 귀띔해 주었다.

마음 들여다보기
심리 검사 & 심리 상태

① 스트레스 검사(PITR)

(빗속의 사람: Person In The Rain) ☞PITR의 설명은 부록1 참고

'빗속의 사람' 그림 검사는 신뢰도가 높은 검사로 내담자의 스트레스 노출 정도와 스트레스에 대처하는 방법을 알아보는 검사이다.

내담자에게 "비가 내리고 있습니다. 빗속에 있는 사람을 그려주세요."라고 말한다. 그외 질문에 대하여는 자유롭게 하라고 한다.

아진이는 스트레스 검사에서 비를 그리지 않았다. "비 맞고 아파서 학교에 안 가고 싶어서."라고 했다. 비를 그리지 않은 것은 스트레스가 없다기보다는 스트레스 상황에 대한 인지가 미흡한 상태로 보였다.

"그림 속 사람의 기분은 어때?"라고 묻자 "잘 모르겠어요."라고 답했다.

사람이 지면 아랫부분에 그려져 있는 모습은 '우울'을 나타내며, 싸개

모양의 형태로 사람을 그리는 건 신체나 마음이 아플 때 나타나는 전형적인 모습이다. 검은색 역시 우울과 관련이 있다.

② 화산 그리기

화산 그리기는 내재되어 있는 감정을 분출하고 카타르시스를 경험하는 것인데 아진이는 이 화산은 폭발하기 일보 직전이라고 하였다. 아진이가 그린 화산 그림에는 표출되지 못한 분노가 속에 꽉 차 있다. 내면에 억압된 감정이 많이 있음을 알 수 있다.

③ 새둥지화

새둥지화는 어린 시절 부모와의 애착 안정성을 알아보는 투사 검사이다. 이 그림에서 아기새들은 어미새를 기다리고 있다. 새둥지는 불안정한 모습이다. 먹이를 물어다 주는 것은 양육을 의미한다. 이것으로 보아 부모와의 애착 형성 과정에서 분리 불안이 약간 있었던 것 같다. 나무를 가장자리에 그린 것도 자신을 중심 축에 두지 못하는 것으로 보여진다.

(a) PITR

(b) 화산 그림

(c) 새둥지화

미술 치료 시 그림 속에 내담자의 마음이 담겨 있다. 바로 자신의 눈으로 확인하면 "아 그렇네"하고 또렷해지며 무엇을 어떻게 할지 분명해진다. 상담자는 그림에 대한 질문을 하며 내담자와 이야기를 나눈다.

화산 그림

분노를 적절하게 표출하는지 억압하는지 등의 조절과 통제에 대한 부분을 볼 수 있다. 내담자에게 어떤 화산인지 얼마나 폭발했는지 주변에 피해는 없었는지 등을 질문한다. 내담자의 공격성이 파괴적인지 지나친 충동성인지도 이야기를 통해 알 수 있다.

새둥지화(BND: Bird's Nest Drawing)

카이저(Kaiser,1996)가 개발한 것으로 어릴 때 부모와의 애착 관계와 안정성, 친밀감을 이해하는 데 도움이 된다. 연필과 색연필을 준비해 준다. 지시문은 '새둥지를 그려 주세요.'이다. 그 외 질문에 대해서는 '자유입니다.'라고 하고 어떤 단서도 주지 않는다.

둥지는 나무에 의해 지지받고 있는지, 아기새나 알만 있는지, 부모와 아기새가 함께 있는지, 색상이 3개 이상인지, 공간 활용이 1/3 이상인지 등 지표에 의해 안정 애착 수준을 구분한다.

새둥지에 부모새와 아기새가 모두 있다면 높은 안정 애착 수준을 나타내고 아기새만 있다면 낮은 안정 애착 수준을 나타낸다. 알들만 있다면 매우 낮은 안정 애착 수준으로 해석한다. 둥지와 나무는 보호의 의미가 있고 새와 알은 나와 가족이 투사된 것으로 본다.

● 아진이의 심리 상태를 잘 표현한 말

아진이에게 "요즘 가장 큰 고민은 무엇이니?"라고 물어보면 "잘 모르겠어요"라고 말하며 자신의 고민조차 제대로 인지하지 못했다.

"나도 사람을 죽일 수도 있을 것 같아요."

아진이의 이 한마디는 아직도 내 가슴에 생생하게 박혀 있다.

이것은 착한 아이가 더 위험하다는 것을 방증하는 말이었다.

① 내 감정 알아차리기

아진이는 계속해서 "나는 내 감정을 잘 모르겠어요."라고 입버릇처럼 말했다. 아진이는 자신의 상태가 위험한 지경에 놓여 있다는 것을 알아차리지 못했다. 자신의 삶을 온전하게 바라보고 원래 자신의 모습대로 살아가는 법을 알려 주는 것이 필요했다.

아진이에게 첫 번째로 해주고 싶은 말은 "아진아! 너의 진짜 본 모습대로 살아. 힘들면 힘들다고 말하고, 싫으면 싫다고 말해."였다.

아진이에게 매일 감정 일기를 쓰게 했다. 거기에는 일상 속에서 느끼는 감정들과 감사한 일, 행복 지수를 0~10 사이 점수로 표시한 것 등이 있었다. 그리고 자신에게 칭찬과 격려 문자 보내기를 제안했고 일주일마다 함께 피드백을 나누었다. 순응형의 아진이는 잘 따라 주었다.

② 자기주장 훈련

아진이는 남을 너무 배려해서 선을 긋지 못하고 불편한 감정을 드러내지 않는 일종의 자기주장 결핍증이었다.

자신의 의사 표시를 명확히 할 수 있어야 하고 때로는 거절할 수도 있어야 한다. 아진이에게는 경계를 분명히 하는 연습이 필요했다. 그래서 일주일마다 실제 장면에 적용할 수 있는 과제를 주어 심리적 힘이 생길 수 있게 했다.

다른 사람이 상처를 받을까 봐 무섭다는 것은 심리학에서는 마음속에 자신이 상처를 받는 게 두렵다는 것을 의미한다. 아진이에게 때로는 상처받을 용기가 필요하고 모든 사람에게 사랑받을 필요는 없다고 말해 주었다.

③ 억압된 감정 표출하기

아진이는 밝은 게 아니고 밝은 척하고 다니는 것이라고 했다. 상담을 하면서 내면에 숨어 있던 억압된 감정이 꾸물거리고 나왔다. "나는 더 이상 밝은 사람이 안 되고 싶어요."라고 말하고 나니 후련해진다고 했다.

더 이상 가면을 쓰고 사는 자신이 싫다고 했다. 하루는 상담실에서 실컷 울고 나니 시원하다고 했다. 꽁꽁 숨겨 둔 억압된 감정이 흘러나와 카타르시스를 경험했던 것이다.

이미지 그림을 보여 주고 마음에 와닿는 것을 선택하게 하였다.

깜깜한 어둠 속에 작고 하얀 달이 있는 그림을 보며 "안에는 깜깜한데 불빛 하나로 버티고 있어요."라고 말했고 양쪽 저울에 사람이 타고 있는 그림을 보며 "어릴 때 힘들었는데 어른이 돼서 고통의 무게가 똑같아졌어요."라고 했다. 책상에 서류가 쌓여 있고 두 손으로 얼굴을 가린 채 괴로워하는 사람의 그림을 보고는 "사회생활이 힘들어 억눌린 모습"이라고 말하였다. 또한, 나이테가 선명하고 오래된 갈라진 나무 단면을 보고는 "나무를 잘라 앉아 쉴 수 있는 벤치를 만들고 싶다."라고 했다.

아진이가 선택한 그림들은 자신의 억압된 감정과 답답한 마음이 고스란히 담겨 있었다. 초록색 계열과 벤치 등에서 아진이가 휴식이 필요한 상태에 있다는 것을 알 수 있었다.

④ 모두 건강해지기

이제는 아진이도 자신을 조금씩 알아가고 진짜의 모습으로 살아가려고 노력하고 있다. 미나에게 자신의 입장을 표현하는 방법을 배워 나가고 있었고, 거절할 수도 있게 되었다. 그렇게 아진이는 처음으로 엉킨 마음을 풀고, 치유할 수 있었다. 미나는 남을 배려하고 친구 관계 맺는 법을 조금씩 배워 가며 자신의 실제 모습을 수용하게 되었다.

카운슬링 팁

착한 아이 콤플렉스 어떻게 도와줄까요?

자신의 내면의 소리는 무시한 채 다른 사람의 기대에 부응하려고 하는 삶을 살면 나는 없어지게 돼요. 나중에는 허탈해져요. 따라서 자신의 감정과 욕구를 적절하게 표현해 보세요. 잠시 불편해도 자신을 찾게 되면 나중에는 편해져요. 착한 아이 콤플렉스를 가진 아이에게는 내 감정을 알아차리고 접촉할 수 있게 도와주는 게슈탈트 상담 기법이 아주 효과적이에요. 프리츠 펄스에 게슈탈트 기도문 마음 챙김의 시를 들려주세요.

나는 나의 일을 하고, 너는 너의 일을 한다.

나는 너의 기대에 부응하기 위해 이 세상에 존재하는 것이 아니다.

너는 나의 기대에 따르기 위해 이 세상에 존재하는 것이 아니다.

너는 너, 나는 나.

만약 우연히 우리가 서로를 발견하게 된다면 그것은 아름다운 일,

만약 서로 만나지 못한다고 해도 그것은 어쩔 수 없는 일.

상담 후기

아진이는 학교 주변 화초에 자발적으로 물주기를 하면서 환하게 웃고 있었다. 그 모습을 보며 나는 속으로 아진이 마음의 화원도 예쁘게 가꾸어지기를 바랐다. 아진이는 내가 그 학교를 떠날 때쯤, 헤어짐이 아쉬워 쉬는 시간마다 내 얼굴을 보러 왔다. 아이들은 그동안 고마움과 서운

함에 편지를 써 주었는데 아진이도 "쌤 아프지 마세요, 쌤이 아니면 지금 나는 자해나 자살을 생각하고 살았을 거예요. 쌤 고마워요." 하고 자신의 휴대 전화 번호를 살짝 적어 놓았다.

아진이는 3학년이 되었고 나에게 이런 메시지를 보내왔다. "나의 심리에 대해 잘 써 주셔서 감사하고 쌤하고 상담하고 나서 내 주장을 잘 말할 수 있게 되었어요. 쌤. 책에 이렇게 꼭 써주세요."

참 다행스러운 일이다 이렇게 아이들의 상처가 아물고 밝아진 모습을 보면 내가 그들의 성장에 조금이나마 도움이 되었다는 생각으로 뿌듯해진다.

심리학 노트

▨ 착한 아이 콤플렉스

착한 아이 콤플렉스(Good Boy Syndrome)란 다른 사람들이나 친구들에게 언제나 착하고 좋은 아이라는 반응을 얻기 위해 자신의 내면의 욕구나 소망, 감정 등을 억압하는 말이나 행동을 반복하는 심리적 콤플렉스를 뜻한다. 자신의 욕구가 억눌려 있어서 위축감과 무기력과 우울증 등에 시달린다. 스스로 모든 걸 감수하고 불편한 감정을 드러내지 않는다. 이처럼 자신은 없고 오로지 다른 사람의 기준만 있는 상태이다. 이는 착하게 굴지 않으면 버림받을 것 같아 타인의 요구에 순응하는 것이다. 존 브래드쇼는 이를 칼 융의 그림자 개념처럼 상처받은 내면 아이와 관련이 있다고 했다.

▨ 분리 불안

불안은 사랑하는 대상을 잃을까 봐 두려워하는 마음이다.

유아기 때는 애착의 대상인 엄마를 상실하거나 엄마의 사랑을 잃는 것이 가장 위험한 상황이므로 울음으로 불안을 표현한다.

심리학적으로 아진이처럼 자기 자신을 중심축에 두지 못하고, 타인 중심적인 인간관계를 하는 순응형의 문제는 '분리 불안'을 해결하지 못한 채 성인이 되어서라고 본다. 즉, 다른 사람의 말을 잘 따르는 이유는 아이가 마냥 착해서가 아니라 여러 가지 상처를 받을까 '두렵고', '불안해서'라고 한다.

▨ 페르소나(가면 쓰기)

정신 심리학자 칼 융은 수많은 타인과의 관계가 연극 무대이고 연극 무대에서 쓰는 가면을 페르소나라고 칭했다. 예를 들어 학교에서는 근엄한 교사이고, 집에서는 다정한 아빠이며, 친구 만나서는 술 마시고 즐겁게 수다를 떠는 또한, 다른 모습으로 역할에 따른 연기를 하는 것이다.

우리들은 누구나 주어진 역할이 수시로 변하고 상황에 맞게 행동하며 살아간다.

'사람들은 왜 가면을 쓰고 사나?' 우리가 가면을 쓰고 사는 이유는 타인에게 잘 보이기 위해서라고 한다. '화가 나도 안 난 척, 즐겁지 않아도 억지로 웃는 척 내성적이지만 활발한 척' 등이다. 인간이라면 누구나 가면을 쓴 채 살아가야 하는 운명이다.

아진이 역시 그동안 자신을 짓누르던 착한 아이 콤플렉스와 착한 척, 밝은 척을 하고 다니는 또한, 다른 가면으로 사는 자신의 두 마음 사이에서 계속 갈등을 겪었을 것이다.

나를 다시 만나다
사례의 주인공 아진이 이야기

남을 먼저 생각하다 내가 없어지는 것보다 나를 먼저 챙기세요.

안녕하세요. 저는 '남이 상처 받을까 봐 무서워요' 사연의 아진이입니다. 저는 지금 3학년입니다. 책 속의 글은 저의 1학년 때 이야기입니다. 저는 그때 정말 죽고 싶었고 나를 힘들게 하는 제 주위 사람들을 다 죽이고 싶었습니다. 2학년이 되고 미나와 저는 데면데면하게 지냈고 미나는 저한테 친구의 연을 끊자고 해서 연을 끊고 한 6개월을 지냈어요. 그 아이가 저한테 다시 친구로 잘 지내자고 했습니다. 1년 전 저 같으면 "그래, 잘 지내 보자."라고 말했을 거예요. 근데 저는 그 아이한테 "왜 네가 그만 만나자고 했는데 이제 와서 다시 잘 지내 보자고 하는지 이해가 안 된다."라고 말했습니다. 그렇게 말하고는 저는 마음이 안 좋아졌어요. 그래서 단호하게 거절을 못하고 생각할 시간이 필요하다고 했습니다. 생각을 정돈하고 그 아이와 저는 그냥 인사와 안부 정도 나누는 사이가 좋겠다고 결론을 내렸어요.

1년 뒤 다른 아이 사이에 그때 일이랑 비슷한 상황이 일어났습니다. 사실 또다시 예전 생각으로 너무 두려워요. 그래서 다른 아이와의 일은 무시하고 있습니다. 이제는 남의 상처를 안 보고 싶어지더라고요. 이런 내가 이기적이라고 할 수도 있겠지만 이제까지 맨날 저는 뒷전이고 남을 먼저 생각하니까 저 자신이 너무나 비참했어요. 그런데 이번에 쌤이 쓰신 이 책을 보고 알았어요.

사실 저는 진짜로 많이 발전했다고 생각했는데 지금도 분명 단호하게 말을 하는 게 맞는 데도 또 망설여집니다. 다른 사람이 저로 인해 상처받을까 봐 두려운 마음이 아직까지 있나 봐요. 그래서 그 아이를 피하고 있어요. 왜냐하면 그 아이와 더 어색한 사이가 되고 싶지 않기 때문이에요. 그 아이와 잘해 보자는 또 다른 친구가 있었어요. 나는 더 이상 그 아이와 잘해 보고 싶은 마음은 1도 없다고 말을 하고 나니 오히려 마음이 편해지는 걸 느꼈어요. 그리고 저는 지금 저의 친구들과 잘 지내고 있습니다. 저의 상처와 아픔은 80% 정도는 치유된 것 같아요.

　　내가 예전에 속마음을 말하지 못할 때보다는 지금이 좋아요. 너무 행복해요. 전에는 고민하고 머리가 복잡했는데 지금은 상대방 기분 안 나쁘게 하면서 나의 진심을 이야기하니 진짜 지옥 같은 저의 삶은 사라졌어요.

　　여러분도 1학년 때 저랑 같은 힘든 점이 있으면 용기 내어 저와 같이 솔직하게 표현해 보세요. 하지만 저도 처음에는 진짜 힘들었어요. 샘 책을 읽고 나서 저의 경험을 돌아보게 되었고 저자신의 상처와 아픔도 보이더라고요.

　　저는 선생님과 지속적으로 상담을 하면서 저에 대해 점차 알아 가게 되었어요. 여러분들은 어떤 어려움을 겪고 있는지 모르겠지만 모두 힘을 냈으면 좋겠습니다.

따돌림당할까 봐 불안한 미나(고1 여)

　여느 아이들과 같이 고등학교에 진학하게 된 미나에게는 한 가지 특별한 이력이 있었다. 그것은 중학교 시절 '도움반'에서 생활을 했다는 것, 미나는 그 안에서 생활하며 겪은 일로 인해 학교에 대한 부정적인 인식을 잔뜩 안고 있었다.

　여기에서의 '도움반'이란 특수 학급을 말하는 것으로 반드시 가야 하는 강제성은 없다. 미나와 같이 희망하지 않으면 일반 학급으로 편성된다.

　그러한 미나가 학교생활에 편안하게 적응하는 것은 아무래도 어려운 일이었다. 미나는 자신의 외모에 대한 콤플렉스가 심했으며, 따돌림을 당하는 것에 대해서도 병적인 불안이 있었다. 다른 친구들 역시 자신을 꽁꽁 싸매고 있는 듯한 미나에게 가까이 다가가지 못하고 반 아이들과 미나는 계속해서 서로 머쓱한 상태로만 지내고 있었다.

미나는 중학교 때 도움반에 있었던 사실이 반 아이들에게 알려질까 불안해했다. 그것이 밝혀지면 아이들에게 무시당할 것 같다는 불안 심리가 늘 작용했다.

그러한 미나에게 봄처럼 나타난 친구가 바로 아진이였다. 아진이는 항상 생글생글 웃으며 누구에게나 친절한 아이였다. 그래서 착한 아이 콤플렉스가 있는 아진이를 꽉 잡고 놓아 주지 않았던 것이다. 이러한 미나의 집착은 어린아이의 분리 불안 같은 일종의 퇴행의 모습으로 비쳐졌다.

접점이라고는 그다지 없는 듯한 두 아이가 어떻게 친해진 것일까, 나중에 상담을 통해 알아보니 놀랍게도 아이들은 모두 '따돌림'을 당했던 경험이 있었다.

주목할 만한 것은 아진이와 미나 모두 4월에 실시한 학생 정서 행동 특성 검사에서 관심군(우선)으로 선별되었다는 사실이다.

그러한 아픔이 두 아이를 친구로 결속시켰고, 서로의 비밀 이야기도 스스럼없이 나누는 친구 사이가 되었다. 하지만 둘 사이에 숨겨진 불씨는 아슬아슬하고 불안한 관계로 이어졌다. 문제는 바로 아진이에 대한 미나의 집착이었다.

특히 미나의 질투는 아진이가 다른 아이들과 대화하고 있을 때 더 심했다. 스스로의 질투심을 이기지 못한 미나는 짜증과 분노를 모두 아진이에게 표출했다. 시간이 지날수록 미나는 자기 자신을 제어할 수 없을 만큼 감정 기복이 심해졌다.

미나의 마음은 불쑥불쑥 변하고 불안정했다. 어느 날 미나는 밤늦은 시간에 "선생님과 나는 잘 안 맞는 것 같아요, 이제 상담 안 할래요." 같은 통보를 했다가, 다음 날 아침에는 갑자기 "선생님 저 상담 할래요. 오늘 몇 시에 시간 돼요?" 라고 말했다. 나는 그런 아이를 아무 일 없었던 듯 받아 주었다. 그러나 미나의 이런 변덕스러운 행동은 나에게도 상처가 되었던 기억이 난다.

미나와 아진이 사이에 작은 균열이 큰 파장을 불러온 사건이 일어났다. 자신만이 독점하고 싶던 아진이가 같은 동아리 친구인 다정이와 친하게 지내는 모습에 질투가 났던 것이다. 다정이가 아진이에게 미나가 단지 눈썹을 잘못 그렸다고 얘기한 것을 미나는 큰 문제로 삼았다. 미나는 다정이가 자신을 놀리고 무시했다고 학교 폭력 신고하겠다고 하여 다정이와 교사들을 힘들게 했다.

다정이는 미나에게 두 번이나 사과를 했다. 그러나 미나는 진심 어린 사과가 아니라며 끝내 다정이와의 관계를 풀지 않았다. 결국 이 일로 다정이는 상처를 받았고 미나와 다정이는 서로의 입장을 아진이에게 털어 놓았다. 이런 상황은 한동안 지속되었고 세 명 모두 힘들어했다. 다정이의 스트레스 검사에서도 심한 국소적 스트레스가 나타났고 위축된 모습이 보였다. 미나는 다정이를 가해자로 생각했지만 결국 다정이는 피해자였던 것이다.

결국 이 세 명이 번갈아 가며 상담실을 오가는 해프닝이 벌어졌다. 가장 답답했던 것 중 하나는 다정이나 아진이에게 미나가 '특수 교육 대상자'라는 사실을 말할 수 없었던 점이다.

마음 들여다보기 심리 검사 & 심리 상태

(a) PITR

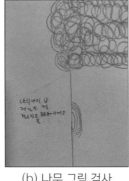

(b) 나무 그림 검사

(c) 화산 그림

① 스트레스 검사(PITR)

비의 양이 그리 많지 않은 것으로 크게 스트레스 상황에 노출되어 있지 않아 보였다. 눈, 코, 입의 경계가 불명확한 것은 대인 관계에 어려움이 있음을 보여 준다. 싸개 모양의 주먹은 공격성을 뜻하며 아이에게 분노가 내재되어 있음을 알 수 있다.

머리카락이 강조된 것은 10대들의 정상 반응으로 성적 관심의 표현이다.

② 나무 그림 검사

나무의 기둥이 일자로 직선일 경우 자기주장이 강하고 고집이 세다. 그에 반해서 나무 기둥이 아래로 갈수록 넓어지는 모양이 좀 더 융통성이 있다. 나뭇잎에 심한 개칠을 한 상태는 머리가 복잡하고 갈등 상황일 때 나타나는 모습이다. 나무의 옹이는 상처를 의미한다. 이 나무에 필요한 것은 튼튼하게 자랄 수 있는 물이라고 했다.

③ 화산 그림

이 화산은 안에 쌓여 있는 것보다 밖으로 많이 표출된 상태이다. 이 화산은 폭발이 계속 일어나고 있다고 하며 남에게 피해를 주느냐는 질문에는 모른다고 했다. 자신의 감정은 잘 표출하지만 상대방의 감정은 잘 헤아리지 못하는 것으로 보였다.

① 공감 능력 기르기와 자신감 회복하기

다른 애들이 자신을 무시한다고 느끼는 한편 특수 학급 이력이 알려질까 봐 불안해했던 미나에게 자신감을 심어 주기로 했다. 항상 앞머리로 얼굴을 가리고 다니며 자신 없어하는 미나에게 늘 "너는 의사 표시도 분명히 하고 똑똑하다."는 말을 해주었다. 그럴 때마다 미나는 의아한 표정으로 멋쩍어했다. 또한, 미나는 자신의 감정 위주로 생각하고 타인에 대한 이해나 배려는 부족해 보였다. 그래서 친구 관계 맺기에 미숙했던 미나에게 공감 능력을 키워 주는 프로그램을 적용해 보기로 하였다.

상대방의 심정을 헤아려 보기 위해 말풍선을 달아서 고개 숙이고 쪼그려 앉은 아이에게 해주고 싶은 말을 적게 하였다. 처음에는 막막해하더니 나중에는 "힘내, 내가 도와줄게 힘들면 나한테 말해."라고 하며 조금씩 상대방의 마음을 헤아리기 시작했다. 드디어 미나는 아진이를 이해할 수 있을 것 같다고 말했다.

② 특수 학급에 대한 긍정적 이미지 심어 주기

미나는 제일 힘들어하는 수학 시간이나 아진이가 같이 놀아 주지 않을 때면 딱히 아무런 문제가 없어도 늘 상담실을 오곤 했다. 그런 미나 상황을 아는 터라 나는 늘 반갑게 맞아 주었다. 상담을 지속적으로 하면서 특수 학급 선생님과도 편하게 몇 차례 만날 수 있는 기회를 만들었다. 미나는 친절하고 자상한 도움반 선생님과 개인 상담도 두세 번을 하게 되었다.

그 이후로 미나는 특수 학급에 대한 생각이 조금씩 변하게 되었고 몇 차례 특수 학급에서 수업도 참여하며 마침내 도움반 친구들과 친하게 지내기 시작했다. 이러한 과정을 통해 미나는 특수 학급에 대해 중학교 때와는 다르게 긍정적인 생각을 갖게 되었다.

카운슬링 팁

아이들이 무시한다는 생각이 들 때
내 안의 상처나 열등감이 건드려져서 힘든 건 아닐까요?
누구나 아킬레스건은 있어요.
남이 나를 무시한다는 생각이 들 때 그것을 어떻게 받아들이는가 중요해요. 남이 하는 말에 상처받지 않도록 내 감정을 선택할수 있어야 해요.
내 마음이 남에게 함부로 침범당하도록 방치해서는 안 돼요.

미나는 2학년이 되면서 특수 학급으로 편성되었고 전일제가 아닌 시간제로 통합반(일반 학급)을 오가며 수업을 하게 되었다. 미나는 다행히 학교생활에 잘 적응하였고 아진이와도 적당한 거리를 두고 만나는 건강한 사이가 되었다. 미나는 한층 밝아지고 모든 것이 제자리로 돌아간 편안한 모습이었다.

미나는 도움반에 있는 친구들과 교사들의 호의적인 태도로 작은 성공 경험을 하며 도움반에 대한 인식이 긍정적으로 바뀌게 되었다. 미나는 도움반에 있는 자신을 떳떳하게 말할 수 있을 뿐만 아니라 자신의 상황을 완전히 수용하게 되었다. 또한, 3학년 때에는 장애 판정까지 받기로 결심했다.

그렇게 되기까지는 도움반 선생님의 세심한 관심과 배려가 있었기에 가능했다. 장애 인증이 있으면 사회에 나가서 생활할 때 여러 가지 혜택이 주어져서 미나에게는 꼭 필요한 것이었기 때문이다. 나는 미나에게 조심스럽게 이 책에 쓴 사례 내용을 보여 주고 동의를 구했다. 내가 걱정했던 것과는 다르게 미나는 흔쾌히 허락해 주었고 책에 자신의 이야기가 나와서 영광이라고 하며 좋아했다. 그리고 상담하면서 무엇이 가장 좋았냐고 했더니 특수 학급에 대한 생각을 바꿀 수 있어서 너무 좋았다고 했다.

학교에서 대부분의 아이들은 미나가 생각하는 것처럼 특수 학급 애들을 놀리거나 무시하지 않는다.

그런 사실을 이해하고 도와주며 함께 하고자 하는 선한 마음을 가지고 있다. 다름을 이해하고 보듬어 주는 아이들이 있어 늘 감사하다.

심리학 노트

■ 도움반(특수 학급)

'도움반'이란 특수 학급을 말하는 것으로 특수 교육 대상자는 발달 장애(지적 장애, 자폐 등), 정서 행동 장애, 지체 장애, 의사소통 장애 등 '장애 등에 관한 특수 교육법' 규정에 의해 선정되지만 사실 넓은 의미에서 특수 교육은 다양한 장애로 인해 일반적인 방법 대신 개인에게 맞는 학업 서비스를 제공하여 가르치는 것을 의미한다.

■ 예기 불안

자신에게 어떤 상황이 다가온다고 생각할 때 특정 상황에서 예전에 느꼈던 불안, 즉 일종의 조건부 기전이 관계된 것이다. 예를 들어 미나처럼 따돌림에 노출되었던 기억으로 인해 그 상황이 다시 올 것 같아 가슴이 뛰고 불안감이 고조되고 긴장감이 고양되는 것이다. 불안이 증폭되면 직면하지 못하고 상황을 회피하거나 공황 상태를 초래하기도 한다.

(출처: 간호학 대사전 1996.3)

뜻하지 않은 공포와 마주친 진택이(고1 남)

본래 착실하고 친구들과도 잘 어울리는 마음 선한 진택이는, 아침 일찍 학교에 가던 길에 다리 밑에서 끔찍한 광경을 목격하였다.

어딘가 이상한 느낌이 들어 주변을 살피던 진택이는 안타깝게도 목을 매단 사체를 보게 되었다. 아이는 두려움에 떨면서 경찰에 사건을 신고하였다. 경찰이 현장에 오는 시간 동안 진택이는 사체 앞에서 무서움과 슬픔에 휘말려 있었으면서도 어떠한 '막연한 정의'를 위해 그 시간을 견디고 있었다.

● **그때의 기억이 떠나지 않아요.**

사건 이후 진택이의 하루는 180도 달라졌다. 아이는 굉장한 불안을 겪게 되었는데, 시신의 모습이 갑자기 머릿속에서 떠오르면, 오랫동안 그 모습이 떠나지 않아 공포에 시달리고는 했다.

자살한 사람의 고개가 꺾인 모습이 떠오르면 몸에 소름이 돋는다고 했다.

그 후로 소소한 자극에도 민감해지고 공포가 수시로 엄습했다. 노는 것에도, 공부하는 것에도 늘 열심이던 진택이는 그 사건 이후로 학업에도 큰 영향을 받게 되었다. 아이는 수업 시간에도 그 모습이 떠올라서 집중할 수가 없다고 불안을 호소했다.

진택이는 특히 밤에 어두컴컴한 곳에서 어떤 물체를 보게 되면 사체를 보았을 때의 기억이 떠올라 소름이 돋는다고 했다. 수근거리는 작은 소리에도 놀라고 예민하게 반응하는 등 공포와 불안에 사로잡히게 되었다.

● 공권력에 대한 신뢰감 상실

시체를 목격한 진택이는 두 번의 경찰 조사를 받았다. 이후 조사의 결과가 궁금하여 경찰에 물어보니 가족, 친척 등이 없어 결국 무연고자 처리를 했다는 단순한 답변을 듣고 허탈해하였다.

진택이는 사람이 죽었는데 왜 뉴스에 나오지도 않고 이렇게 아무 일 없었던 것처럼 잠잠한지 의문이라고 했다. 아이는 공권력에 대한 불신이 생긴 것이다. 최소한 신고한 아이에게 사후 처리에 대한 상황 설명을 해주었더라면 좋았을 거란 생각이 들었다. 하지만 경찰이 신고자에게 결과를 고지할 의무가 없다는 것을 알게 된 나는 그들의 바쁜 업무를 이해하기로 했다. 진택이는 마치 '선한 사마리아인'과도 같았다. 사건을 목격하고, 그냥 지나치지 않고 신고했지만, 이후의 트라우마로 고통은 고스란히 진택이의 몫이 되었다.

마음 들여다보기 _심리 검사 & 심리 상태_

① 스트레스 검사(PITR)

국소적인 빗줄기는 일시적인 스트레스 상황에 놓여 있는 상황이며 우산을 쓰고 잘 대처하고 있다. 빨간색으로 그려진, 위에 떠 있는 사람의 모습은 확연한 불안을 의미한다.

(a) PITR

(b) 모래놀이 치료 예시

① 투철한 시민 의식에 대한 칭찬

"다른 사람이라면 발견하고도 그냥 지나칠 수 있었는데, 진택이 네가 신고한 건 정말 잘한 일이었어."선생님은 진택이의 투철한 시민 의식을 높이 산단다. 넌 좋은 일을 한 거야."

그저 지나칠 수도 있었지만, 사람이 죽은 모습을 보고 경찰에 신고한 일은 매우 용기 있는 행동이었음을 칭찬해 주며 진택이가 안정을 찾을 수 있도록 하였다. 친구들이 호기심으로 다리 밑 그 장소를 찾아가자고 하는 부추김에도 진택이는 싫다는 입장으로 일관하였고, 나는 그러한 진택이의 단호한 태도에 대해서도 칭찬을 해주었다.

② 나의 불안의 이름 붙여보기

진택이는 자신의 불안의 이름을 "진상"이라고 했다. 불안이 엄습할 때 '진상이 나타났구나' 하고 인지하는 것만으로도 불안은 조금씩 멀어져 간다. 불안을 진상이라고 객관화하여 멀리서 바라보는 것이다. 쉽지 않은 훈련인데 진택이는 조금씩 노력하는 모습을 보였다. 진택이에게는 힘든 일이겠지만, 자신의 경험과 상처를 차분히 직면할 수 있도록 도와 줘야만 했다.

③ 긴장 완화를 위한 미술 매체 활용

긴장을 완화해 줄 수 있는 매체를 활용한 미술 치료는 불안 해소에 도움이 된다. 클레이나 아이슬라임(액체 괴물) 같은 매체로 손에 촉각을 통해 긴장을 완화해 주고 심리적 이완을 통해 불안을 감소시킬 수 있다. 낙서 그림인 난화(難畫)를 통해 자유롭게 감정을 표출하게 하거나 무엇이 보이는가를 유추해서 말해 보도록 했다. 또한, 모래 상자에 자유롭게 피규어를 배열하고, 스스로 이야기를 꾸며나가는 모래놀이 치료는 편안함 속에서 그 과정 자체가 안정을 찾아가게 되는 아주 좋은 치료 수단이다.

특히 과거, 현재, 미래로 스토리를 꾸며나가는 모래놀이 치료에서 진택이는 가장 센 동물로 표상되는 사자, 호랑이, 재규어 등의 동물은 동굴 위에 있고, 나머지 동물들이 흩어져 있는 모습을 연출했다. 그러면서 동물들이 서로 평화롭게 잘 어울려 살기를 바란다는 말을 덧붙였다. 이러한 스토리텔링을 통해 진택이의 무의식을 살펴볼 수 있었고, 아이의 긍정적인 표현은 나를 안심시켰던 기억이 난다.

모래놀이

모래놀이 치료는 1985년 칼프로부터 처음 시작되었으며 우리나라는 1990년대에 도입되었다. 모래 상자라는 안전한 환경에서 상담자의 해석 없이 모래에 소품을 놓게 하고 자유롭게 꾸미는 것이다. 도라 칼프 (Dora Kalff)는 융의 가설을 토대로 인간의 심리 속에는 전체성과 치유를 향하는 기본 욕구가 있다는 가정에서 출발하였다. 모래 상자에 표현된 것들의 상징, 이미지 관점에서 관찰하여 무의식을 접할 수 있고 자기 치유의 힘을 얻게 된다.

④ 체계적 둔감법으로 불안감 줄이기

진택이가 불안 감정과 조심스럽게 마주하기 위해 불안 위계 목록을 작성하게 했다. 가장 약한 상황부터, 최고의 불안 상황까지를 떠올리게 하는 방식을 반복적으로 진행하면서 스스로 불안에 직면하는 것을 도와주고, 이겨낼 수 있는 심리적인 힘이 어느 정도인지를 살펴보는 과정이었다.

진택이는 심리적 힘이 강한 아이였다. 불안 정도가 매우 높은 10단계에서 낮은 수치인 2단계로 내려오는 데에는 오랜 시간이 걸리지 않았다.

● 아이의 증세 호전

아이의 불안은 그때의 기억으로부터 회피하기보다는 사건을 목격했던 당시와 그 이후의 감정이 어떠했는지를 조심스럽게 단계적으로 표현하게 하는 방식으로 호전될 수 있었다. 친구들은 진택이와 함께해 주었고, 평소 아이의 심성을 아는 교사들이 칭찬해 주고 격려해 주었다. 긍정적인 성품의 아이는 그 사건을 잘 극복해낼 수 있었다.

상담 후 열흘 정도가 지나자 아이는 악몽을 잘 꾸지 않는다고 했다. 이전보다는 두루 안정된 생활을 하고 있지만, 이상하게 전보다 피로감을 더 느낀다고 토로했다. 하지만 진택이는 자신을 트라우마로 몰아넣었던 그 길을 피하지 않고 씩씩하게 등교를 하고 있었다.

카운슬링 팁

우연히 마주친 공포 어떻게 해야 하나요?
불안은 우리가 위험에 대처할 수 있게 보호해 주는 순기능이 있어요. 뜻하지 않은 주검과 불현듯 마주친 사건은 통제할 수 없는 상황이며 누구나 불안을 경험하는 자연스러운 감정이에요. 그렇지만 무조건 회피하는 것보다 부딪쳐 보세요. 정작 직면하고 넘어서게 되면 별거 아닌 게 돼요. 어려운 일을 무릅쓰고 견뎌내면 그 힘이 에너지로 나타나지만 회피하면 두려움으로 남게 돼요.

진택이가 그 일을 겪었던 때는 5월이었다. 그 푸르른 날 타인의 죽음과 아이의 상처는 사건처럼 일어났다. 아이를 옆에서 지켜보고 도와준 지도 벌써 7개월이 지났다. 12월에 있던 학교 축제 때 진택이는 '사랑의 짝 찾기' 행사에 참여하여 팔에는 파란색 띠를 두르고, '바보온달' 쪽지를 들고는 해맑게 웃고 있었다. 분홍색 띠를 두른 미지의 평강 공주를 찾고 있는 진택이의 모습은 천진난만해 보였다. 나는 진택이를 보며 마음속으로 읊조렸다. "진택아, 올해는 꼭 네 인연을 만나기를 바란다."라고.

진택이는 그 공포를 회피하지 않고 직면했으며 꿈속 할아버지 모습도 긍정적으로 해석하였다. 그래서 내게는 참 기특하고 고마운 경험이었다.

심리학 노트

■ 불안

불안은 새로운 환경이나 상황에 적응해야 할 때 위험에 대해 보이는 본능적인 반응이다. 이는 주관적이며 내가 생각하는 정상 수준을 넘었을 때 통제할 수 없고 제어할 수 없을 때 안전에 대해 보이는 자연스러운 감정이다.

▓ 트라우마와 회피

사체를 목격한 경우 대부분은 무섭고 도망치고 싶다는 감정에 사로잡힌다. 이런 트라우마는 악몽을 동반하고, 자기 자신의 마음을 통제할 수 없어 큰 공포를 느끼게 된다. 이때 방어 기제 중 회피를 사용하여, 기억을 지우려고 하거나 떠올리지 않으려고 한다.

회피는 삶의 한가운데를 뚫고 들어가지 못해 내면의 고통과 직면하지 못하고 어디론가 도망가고자 하는 행동이다.

▓ 진택이의 꿈속, 무의식과 상징들

무의식을 가장 잘 나타내주는 것은 꿈이다.

진택이는 꿈속에서 작년 11월에 돌아가신 할아버지가 나타났다고 했다. 할아버지는 살아생전과 다름없이 담배를 피우고 계셨다고 하는데, 일단 꿈속에 할아버지가 나타났다는 것이 자신을 지켜 주는 느낌이었다고 했다. 꿈속에서 편안해 보이는 할아버지 모습에서 진택이는 위안을 받았고 애써 안도감을 느끼는 것 같았다.

그 후에도 진택이는 꿈을 많이 꾸었는데 가령 아르바이트를 같이 하던 형에게 혼나는 꿈, 귀신이 나오는 꿈, 자신의 의지대로 할 수 없어 제자리에 있는 꿈 등이었다. 진택이의 꿈은 전형적으로 불안이 마음에 자리 잡았을 때 보이는 무의식적 양상이었다. 여기에서 중요한 것은, 아이가 꿈을 꾸고 난 후에 어떤 기분 상태였는지를 묻는 것이다. 그 기분 상태에서 아이의 심리적 문제나 상황을 확인하는 것 또한 중요하다.

꿈의 세계를 함축하여 단적으로 잘 표현한 말이 있다.

"꿈은 내 의지가 손 닿지 않는 영역인 무의식이 자체 제작하는 단편 영화이다." (정신건강의학과 교수 윤대현)

Part 2 우울할 때는 한 박자 쉬어가기

내 마음 나도 모르겠어요.

우울은 억압된 감정을 표출하지 못해서
생기는 요술 부리는 마음이란다.
삶이 가끔은 회색빛이어도 괜찮아,
따스한 햇살이 비칠 날을 기다리자.

늘 죽음이 아른거리는 예린이(고1 여)

대부분의 아이들에게는 저마다 상처가 있기 마련이다. 싱그러운 젊음이 아름답고 찬란해 보여도 실상 그 속을 들여다보면 상처가 좀먹고 있는 경우가 많다. 생각보다 많은 아이들에게서 "죽고 싶다."는 말을 어렵지 않게 들을 수 있다. 아이들은 수시로 감정이 오르락내리락하고 통제가 되지 않아, 때때로 무기력과 우울감으로 힘들어한다.

유난히 하얀 얼굴에 어두운 구석 하나 없는 예린이는 우울함과는 거리가 멀어 보였다. 그러나 정서 행동 특성 검사 결과 총점이 높고 자살 점수가 높아서 관심군 우선에 속했다. 2차 심층 면담과 자살 관련 면담 결과 아이의 상태는 생각보다 심각한 것으로 나타났다. 예린이의 주요 고민은 학교생활, 진로, 성격, 불안, 우울, 자기 비하 등이었으며, 가족은 남동생, 엄마 그리고 새아빠가 있다고 했다. 자살 면담 기록지에는 어떻게 죽어야겠다고 구체적인 계획을 세운 적이 있고, 실행한 적도 있다고 적었다. 칼로 자해를 하고, 이어폰으로 자기 목을 조르고, 벽에다 머리를 쿵 쿵 박은 적도 있었다고 했다. 예린이의 자살 위험 단계는 고위험군을 넘어 응급 상황으로 나타났다.

예린이 어머니는 아이의 상태를 모르지 않았지만, 죽지 않을 것이라고 굳게 믿고 있었다. 단지 아이의 행동을 비자살성 자해 등으로 치부하고 있었다. 나는 어머니와의 상담을 시도했지만, 예린이의 완강한 거부로 어머니와의 대면 상담은 이루어지지 않았다.

예린이처럼 자살 고위험군에 속한 아이들은 정신과 치료를 받게 되어 있다. 예린이도 중학교 때 정신과 치료를 받은 적이 있지만, 한두 번 치료받고 더는 병원에 가지 않았다. 병원에서 처방받은 약을 모았다가 한 번에 먹고 죽을 것 같아서 안 간다고 했다. 고등학교에 올라와서 엄마의 권유로 청소년상담복지센터에 다닌다고 했다.

예린이는 어린 시절 기억은 안 좋은 기억밖에 없다며 생각하기도 싫다고 했다. 그리고 친아빠는 정말 이 세상에서 제일 싫은 사람이라고 했다.

예린이는 하루에도 수십 번씩 자살 충동과 머릿속에는 온통 부정적인 생각으로 가득 차 있었다. 가장 큰 스트레스는 집이 너무 밝은 것이라며 집안 분위기가 너무 밝아서 싫다고 했다. 자신이 있으면 안 되는 곳 같고 자신과 어울리지 않는다고 했다. 이어서 사람이 제일 무섭고 사람들이 하는 말이 무섭다는 말을 아주 덤덤하게 쏟아냈다.

"귀에서 이런 소리가 막 들려요. '네가 그런다고 사람들이 좋아할 것 같아? 네가 노력한다고 남들을 따라갈 것 같아?' 사람들이 저 칭찬하는 것도 다 내가 불쌍해서 그렇게 말하는 거예요. 그래서 나는 칭찬 안 믿어요."

"밤에 악몽을 자주 꾸는데 초등학교 때 친했던 애들이 저를 피하는 모습이 보이고, 욕하는 모습이 보이고, 저를 버리려고 하는 게 보여요. 그런 꿈을 꾸다가 너무 무서워서 깨고, 그러면 현실과 헷갈려서 똑같이 느껴져요."

"어젯밤 꿈에는 관이 보였어요. 막 사람들이 두런두런 이야기하는데 저승사자가 '운명하셨어요.'라고 말하고는 관을 덮었어요."

꿈에서 엄마가 사라지거나 자신을 버리고 싶다는 말을 할 때가 특히 무섭다고 했다. "엄마가 힘들어서 그럴 수 있다고 이해는 하는데…" 하며 말을 흐렸다. 어느새 아이는 자신의 이야기를 실타래처럼 풀어내고 있었다.

두려움에 젖은 아이의 마음이 느껴졌다. 꿈에서 관이 보였다니, 아이의 무섭고도 참담한 표현이 나를 당혹스럽게 했다. 암흑 속에 갇힌 채 꽁꽁 싸매고 있는 아이를 어떻게 구출해야 할지 막막했다.

마음 들여다보기
심리 검사 & 심리 상태

① 스트레스 검사(PITR)

스트레스 검사를 통해 본 아이의 그림은 끔찍했다. 아이는 거친 빗줄기 속에서 목을 매달고 있는 사람과 죽어 가는 사람과, 접힌 빨간 우산을 땅에 둔 채 비를 맞는 사람을 그렸다. 강한 스트레스 상황에 노출되어 있지만 대처 방법은 찾지 못하고 있다. 아이의 마음은 온통 죽음으로 가득 차 있었다. 그림이 아래쪽에 치우친 것도 우울과 관련이 있다.

② 나무 그림 검사

나무 그림 검사에서는 파란색 나무에 나뭇잎이 하나도 없고 앙상한 가지만 있으며, 그 위에는 보라색의 알 수 없는 형체가 있었다. 그리고 땅에는 노란 잎이 우수수 떨어져 있었다. 나무 기둥에 크게 그려진 옹이는 상처나 트라우마를 나타낸다. 예린이는 이 나무의 계절은 겨울이고, 나무에 필요한 것은 사랑이라고 했다. 예린이의 마음이 춥고, 쓸쓸하며, 좌절을 겪고 있는 것으로 보였다.

그림의 필압이 약한 것은 에너지 수준도 낮은 상태임을 나타낸다. 나뭇잎이 없는 것은 아주 메마른 감정 상태를 보여 준다. 그리고 땅에 작은 지렁이가 꿈틀거리고 있는 모습은 마치 살고 싶어 하는 아주 작은 생명체의 몸짓으로 보였다.

(a) PITR

(b) 나무 그림 검사

그동안 수많은 아이들을 상담했으나 예린이와 같은 강적을 만나고 상담 교사로서 딱히 도움을 줄 수 없음에 좌절을 넘어 스스로 초라해졌다.

입버릇처럼 하는 아이의 암울한 말들은 나날이 수위가 높아지고 조금씩 나도 지쳐 가고 있었다. 그러나 내 마음이 힘들어진다고 해도 한 아이를 포기할 수는 없었다.

예린이는 한 주에 한 번씩 어김없이 나를 찾아왔다. 그 이유는 7교시까지 부질없는 수업이 버티기가 힘들고 자신의 어떤 감정도 마음껏 쏟아낼 수 있는 곳이 상담실이기 때문이었다.

① 있는 모습 그대로 받아 주기

예린이가 자신 안의 부정적인 감정을 끊임없이 표출할 때, 나는 인내하며 있는 그대로를 받아 주었다. 나는 어떤 어마무시한 말에도 평정심을 유지하며 다른 아이들을 대하듯 자연스럽게 대해 주었다.

예린이는 어떤 긍정의 말이나 진실된 칭찬도 바로 부정해 버렸다. 그래서 나의 어떤 조언이나 편견이 개입되지 않도록 되도록 말을 아꼈다. '나는 지금, 여기(here & now)'에 감정의 초점을 맞추기로 했다. "예린아, 지금 감정은 어떠니?" 하고 물었더니 "그냥 그래요."라고 모호하게 답했다. 그런 예린이에게 감정 카드를 보여 주자 '두렵다', '무섭다', '불안하다', '불쌍하다' 등의 마음을 표현했다. 시크하게 말하는 예린이의 속마음에는 두려움과 불안이 숨어 있었다.

② 화제 돌리기

● 가수가 되고 싶어요

　예린이의 꿈은 가수라고 했다. 나는 가끔 화제를 돌려 부정적인 감정에서 벗어날 수 있는 시간을 갖게 해 주었다.

　이야기의 초점을 '죽음'이 아닌 다른 것으로 맞추고자 하는 의도였는데, 예린이의 경우 그것은 주로 음악 이야기였다. 이때의 예린이는 전문가였으며, 자신 있게 자신의 생각을 펼쳤고, 평소의 부정적인 모습과는 다른 모습을 보여 주었다.

　그 당시 방송에서 '미스트롯'이라는 프로그램이 한창이었는데, 경연이 있을 때마다 예린이는 방송에 나온 순위나 심사평에 그냥 수긍하지 않고, 자신만의 남다른 각도로 해석했다. 때로는 날카로운 심사평을 남기기도 했다. 그럴 때마다 "예린아 너 대단하다. 쌤은 몰랐어." 하고 격하게 반응해 주었다. 표현은 안 해도 예린이는 내심 좋아하는 눈치였다. 나름 자부심을 갖고 있었다.

　나는 예린이의 노래를 들려줄 수 있느냐고 물어보았다. 아이는 선뜻 실용음악학원 사이트에 들어가 노래하는 영상을 보여 주었다. 맑고 고운 목소리로 고음까지 잘 소화하는 아이의 노래는 수준급의 실력이었다. "예린아 너 진짜 잘한다. 쌤은 네가 그 정도 실력인 줄 몰랐어." 하고 내가 감탄하자 "아니에요, 나보다 잘하는 애들이 얼마나 많은데요. 저는 못하는 거예요"라고 하며 바로 부정해 버렸다. 그러면서 예린이는 아직도 칭찬에 적응이 안 된다는 말을 덧붙였다.

● 학교는 부숴버리고, 지구는 불살라 버리고 싶어요

예린이는 실용음악학원에 다니면서 연습을 하지만 점점 하기 싫어지고 스트레스만 쌓이고 목표도 사라진 것 같다고 했다. 예린이는 정말 하고 싶은 건 아무것도 못 하고 있다고 그냥 쉬고 싶고 가사도 쓰고 싶고, 잠도 자고 싶고 게임도 하고 싶다고 했다. 예린이 역시 10대들이 넘어야 할 산을 힘겹게 오르고 있었다. 예린이는 학교생활 부적응 학생이었다. "학교는 부숴버리고, 지구도 불살라 버리고 싶다."라며 예린이는 아무 필요도 없는 수업 듣는 것이 정말 싫다고 했다. 7교시까지 학교에 있으려면 토가 나온다는 말을 했다.

③ 감사한 일 찾기

아이에게 스스로 감사한 일을 찾아보도록 했다, "감사한 일요? 없어요. 엄마가 새아빠 만나고 밝아진 점요. 그거 말고는 없어요." 아이의 냉소적인 대답 앞에서 내가 했던 말은 "예린아, 너는 예쁜 두 눈이 있어 볼 수 있고, 아름다운 목소리로 노래할 수 있고 건강한 두 다리도 있고, 마음껏 걸어 다닐 수도 있잖아. 찾아보면 감사한 일이 참 많단다."였다.

아이는 멋쩍게 피식 웃기만 했다. 결코 받아들이는 자세는 아니었다.

④ 같이 있어 주기

우리 상담실 창밖은 늘 한 폭의 풍경화였다.

4월 어느 화창한 봄날 이팝나무에 하얀 꽃이 흐드러지게 피었다. 나는 예린이의 우울한 기분을 환기시켜 주고자 예린이의 감성을 건드려보기로 했다. "잠시 멈추고 우리 창밖을 보자. 저 파아란 하늘 좀 봐, 예린아

저기 흩날리는 하얀 꽃 너무 예쁘지 않니?" 하고 말을 건넸다. 맑고 커다란 눈망울의 예린이는 잠시 우수에 찬 모습으로 창밖을 바라보더니 시크하게 말했다. "그렇네요, 근데 쟤네들도 곧 죽어요." 하고는 바로 고개를 돌렸다. "그래 조금 있으면 그렇게 시들겠구나. 참 예린이는 넘 밝은 거 싫어한다고 했지." 하고 나는 바로 아이의 감정에 맞추었다.

비가 추적추적 내리는 가을엔 붉게 물든 단풍들을 우린 그냥 하염없이 바라보았다.

상담이 때로는 아무 말 없이 함께 있어 주고, 마음껏 쏟아내는 얘기 들어 주는 일이 섣부른 상담 기법을 적용해서 무엇인가를 해주려고 하는 것보다 훨씬 나을 때가 있다. 울고 있을 때 옆에서 가만히 등에 손을 살짝 얹어 주기만 해도, 위안이 되고 힘을 얻게 된다. 이것이 치료이다.

⑤ 격하게 감탄해 주기

예린이는 가수가 되어 지금까지 고생해 온 엄마를 위로하고 싶고, 힘들고 아픈 사람들에게 위안을 주고 싶다는 말을 했다. 노래로 힘든 사람들을 위로해 주고 돈 많이 벌면 보육원이나 단체에 기부하고 싶다고 했다. 이러한 예린이의 긍정적인 말 앞에서는 마치 사막에서 오아시스를 만난 기분이었다. 그럴 때면 아낌없는 찬사를 보냈다. "그런 훌륭한 생각을 하고 있구나." 하고 늘 격려와 지지를 해주었다. 예린이는 홀랜드 적성 검사에서 예술형이 높게 나타났고 그다음이 사회형으로 나타났다.

예린이는 도서부원이었다. 학교에서 유일하게 자신의 존재를 드러내는 역할이 점심시간에 학생들에게 책 대출과 반납을 돕는 일이다.

오늘도 예린이는 바쁜 일상을 보내고, 허무주의에 빠져 죽음을 생각하겠지만 그래도 내일을 향해 한발씩 앞으로 나가고 있을 것이다. 긴 터널 속에서 언젠가는 빠져나와 희망의 불빛을 볼 것이다.

나는 상담이 끝나면 아이들에게 소감을 묻는다. 대부분 "편안해졌어요.", "기분이 좀 나아졌어요.", "속 시원해요.", "제 얘기 들어 주셔서 감사합니다." 라고 말한다. 그중에서 가장 뿌듯했던 말은 따돌림으로 눈물샘이 폭발했던 아이가 "쌤, 말 듣고 이제 교실에 올라갈 수 있을 것 같아요." 였다. 예린이에게는 그런 반응은 기대할 수 없었다. 예린이는 상담하고 난 후에 기분을 물어보면 언제나 "그냥 그래요", "모르겠어요."로 일관했다. 한 번도 긍정적인 피드백을 주지 않았던 유일한 내담자였다.

카운슬링 팁

죽음에 대한 생각으로 계속 우울해질 때

좌충우돌 흔들리며 혼란과 좌절 속에서 질풍노도의 시기를 벗어나고 싶어 발버둥치는 10대들은 지치고 힘들어 무기력해지고 우울감이 생기게 돼요. 우울은 내 몸과 마음이 많이 소모된 상태로 휴식이 필요하다는 신호예요. 한 박자 천천히 쉬어 가세요. 과도한 생각으로 과부하가 걸리고 에너지 소모가 많아지고 늘 피곤해요.

사실은 현실이 아닌 가상 현실에서 꼬리에 꼬리를 무는 부정적인 생각들이 대부분이에요. 생각을 멈춰 보세요. 'Stop thinking' 이라고 외쳐 보세요. 머리 쓰는 시간을 줄이고 몸을 움직여 보세요. 그리고 참지 말고 슬프면 울고, 부당하면 화내고 감정 표현을 해보세요.

내가 그 학교를 떠나고 일년 후에 그 학교에 강의가 있어서 아이를 다시 만난 적이 있다. "쌤 미리 연락하시지. 저 지금 학원 가야 해요." 하며 목소리 톤이 올라가 있는 예린이의 초롱한 모습이 너무나 반가웠다.

내가 요즘 어떻게 지내냐고 묻자 "그냥 저냥요." 했다. 남친은 있느냐는 질문에 "만날 시간이 없는데 있으면 민폐 아닌가요." 라며 요즘에 숨쉴 시간도 없다고 했다. 자신을 혹사시키며 최선을 다해 살아가는 예린이에게 "이제는 너 자신을 좀 돌보며 살자." 했더니 예린이는 뜻밖의 말을 했다. "쌤 그때가 좋았어요. 쌤하고 얘기할 때가 가장 편했어요." 그 말은 예린에게 처음으로 듣는 긍정의 피드백이었다. 마음 한구석에서 꾸물대며 올라오는 희열과 반가움은 그동안 예린이에게 쏟은 보상이 한꺼번에 밀려오는 느낌이었다.

원고 작업을 하며 예린이에게 글을 보여 주고 동의를 구하고자 했는데 고맙게도 꼼꼼히 첨삭을 해 주었다. 독자가 되어 이름을 바꿔가며 무려 다섯 번이나 읽었단다. "거기에 웬 불쌍한 아이가 하나 있더라고요." 하며 쿨하게 말을 던졌다. 예린이는 자신을 객관화하여 미러링된 자신을 보게 되었던 것이다. 이 과정에서 통찰이 일어난 것 같아 나는 감격스러웠다. 그리고 자신의 노래하는 영상도 함께 보내왔다. 그 속엔 상큼 발랄한 낭랑 18세 소녀가 통통 뛰며 노래하고 있었다. 그 모습이 참으로 예쁘고 대견했다.

심리학 노트

■ 우울

프로이트와 같은 정신 분석가들은 분노가 억압되어 제대로 표출되지 못할 때 우울증이 생긴다고 보았다. 외부로 표출되지 못한 감정이 내면으로 들어가 자기 파괴, 우울증, 자살 등의 형태로 나타나게 된다.

우울증이 오게 되면 의식의 왜곡 현상이 나타나는데 자신에 대한 부정적인 감정들, 초라하고 보잘것없는 자기 비하감, 근거를 알 수 없는 죄의식, 아무것도 할 수 없는 무력감, 앞이 보이지 않는 절망감 등이다. 그래서 김형경 작가는 우울증을 이렇게 묘사했다.

"우울증은 내 마음이 혼자 북 치고 장구 치는 난장판 마음의 요술 부리기이다."

■ 내부 고발자

예린이의 부정적인 사고방식은 유아기 때 겪었던 안 좋은 경험 등과 부정적인 말들에서 비롯된 것 같았다.

엄마가 무심코 던지는 "다 버리고 가고 싶다.", "네가 다른 곳에서 태어났으면 좋았을 텐데" 같은 말들을 들으며 힘든 상황이 자신의 잘못인 양 받아들이게 된 것이다. 어린 예린이는 버림받은 느낌이었을 것이다.

이런 말들이 내사되어 '맞아, 나는 죽어야 해.' 하며 자신의 마음속에 내부 고발자가 자리 잡고 있었던 것이다.

아이가 어렸을 때에 부모한테서 반복적으로 들었던 언어를 처음에는 그대로 받아들이는데 나중에는 내 안에서 나를 고발하는 말이 된다. 예컨대 사소한 실수를 할 경우, '나 같은 것이 뭐가 될까?' 하는 소리가 마음속에서 떠오르면 자연스레 힘이 빠지며 심리적으로 무기력해진다. 반대로 부모님에게 칭찬을 많이 받았을 경우, 그것은 아이들에게는 살면서 계속적으로 힘이 된다.

▨ 자기 고문 게임

밖으로 향해야 하는 분노가 안으로 향해서 자신을 공격하는 것을 자기 고문 게임이라고 한다. 자기 고문을 하는 사람들이 주로 하는 말이 바로 "나 하나만 죽으면 돼." 같은 이야기다. 입버릇처럼 스스로를 탓하고 공격하는 모습을 보이는 것이다.

이런 사람들의 특징은 '늘 열심히 살아가는 것 같은데 나는 왜 열심히 살지 않을까?'라고 자기비하를 하며 자신을 학대한다. 예린이 역시 열심히 살고 있지만 늘 자기 자신에게 불만이며 못마땅해한다. 그리고는 말과 행동으로 자신을 공격하며 아프게 한다.

나를 다시 만나다 사례의 주인공 예린이 이야기

죽고 싶은 마음이 들면 그렇게 만든 사람부터 이기고 죽자.

고등학교 1학년 처음 상담실을 찾아가기 일주일 전부터 나는 자해와 자살 시도를 했다. 자해를 하며 내가 죽었는지 살았는지 스스로를 확인했다. 그다지 인생을 살아갈 생각도 기운도 없었다. 학교 수업은 나에겐 너무도 무의미한 시간이었고 내 시간을 버리는 것만 같았다. 머릿속에는 '조금은 더 살아 있어 줘.'라는 나와 '이제 많이 버텼으니 그만 살자.'라는 내가 나뉘어져 있었다.

이런 혼란한 마음을 안고 도서관에 가던 중 살아있길 바라는 자아가 상담실을 찾아갔던 것이다.

"서원쌤 자살예방센터나 학교에서 가까운 정신과, 심리 치료 센터가 어디 있어요"라고 무슨 정신으로 물어본 건지는 아직도 기억나지 않는다. 그때 서원쌤은 내가 학생 정서 행동 특성 검사에서 관심군으로 나와 한번 만나려고 했다고 이야기하셨다. 어차피 수업도 듣기 싫었던 터라 수업 빠질 수 있는 거라면 좋다고 답했다. 처음 상담을 할 땐 그냥 아무것도 안 하고 시간을 때우고 싶은 생각이었다.

구체적으로 자살 시도를 한 적 있냐는 서원쌤 질문에 시도했던 행동들과 준비했던 것들을 모두 말했다. 대부분 어른들은 내가 그런 생각과 시도를 했다고 하면 실망한 표정과 말투로 짜증과 구박을 했고 금방 나를 포기해 버렸다.

서원쌤도 금방 포기하고 날 그냥 놔두거나 다른 곳으로 보낼 거라 생각했다. 그런데 "다음 상담은 언제 할까?"라는 말씀에 겉으로 표현하지는 않았지만 속으론 정말 놀랐다. '이렇게까지 말했는데 다음에 나와 또 대화를 하시겠다는 건가?'라는 마음에 신기했고 얼마나 더 나를 버텨 주실지 궁금했다. 그래서 계속해서 상담을 했고 쌤은 내가 아무리 어둡고 부정적이고 짜증 나고 안 좋은 이야기를 해도 "잘못된 거야."라는 말씀을 전혀 하지 않으셨다. 그 상황이 신기하기도 했고 조금 미련하신가 하는 생각도 했다. '분명 귀찮을 텐데 이쯤 되면 포기하실 텐데.' 하는 생각을 하며 상담을 받았다.

서원쌤에 대한 마음의 창문을 연 계기는 나의 진로에 관한 얘기를 하고부터였다. 내 상담 중 반 이상이 내 전공과 관련한 이야기들이었다. 하지만 난 자존감도 낮고 나 자신의 대한 믿음도 없다. 내가 나를 사랑하는 마음도 정말 지구 표면을 지나 지구 핵까지 내려가 있는 상태라 이야기를 하는 도중 계속 부정적인 말이 9할을 차지했을 거다.

난 나도 인정하는 강적이다. 어쨌든 서원쌤과 친해진 것은 내가 무슨 말을 해도 들어주시고 좋은 쪽으로 반응해 주셨기 때문이다.

상담 쌤이 학교를 옮기신 후 상담실 가는 것이 부담스러웠고 학교를 가는 건 더 싫어졌고 도움 받는 것 자체가 너무 싫었다. 누군가 나를 불쌍하게 볼 것 같았기 때문이다. 다시 벼랑 끝자락에서 몸과 정신이 망가질 대로 다 망가져 버렸다.

그때서야 학교 상담실을 찾았다. 그리고 전문 상담 센터를 다니며 치료를 받고 있다. 고3 초반에 음악 학원에서 안 좋은 일이 생겨 혼자 끙끙 앓아 가며 버텼다. 너무 힘들어서 살이 7kg이 빠졌다.

난 작은 것 하나 선택하는 것도 두렵다. 학원을 그만둔다는 것은 내 인생에서 두 번째로 큰 선택이었다. 첫 번째 선택은 부모님의 이혼이었다. 고3인 지금 19년이라는 짧은 인생에서 별별 시련과 모질다는 건 다 겪었다. "91년 산 거 아니냐?"라는 말을 들을 정도로 힘들었다.

난 상담에서 무언가 해주려고 난리 치고 이거 해보자. 저거 해보자라는 권유보다 지속적으로 기다려 주는 인내심이 매우 큰 위로가 되었다.

어쨌든 난 "힘내라 이제 곧 좋아질 거다." 이런 말은 안 할 거다. 내가 하고 싶은 말은 힘들고 고난스럽더라도 계속 겪고 이겨내다 보면 그 사이에 새로운 목표가 생긴다는 것이다.

난 지금 누구보다 살고 싶다. 난 내 분야에서 성공할 것이다. 보란 듯이 성공해서 그 인간들 저격곡 만들거야, 작든 크든 이상하든 이건 내 목표이다. 하고 싶은 게 없고 자신이 없으면 누군가를 이겨 보겠다는 마음으로 시작해 봐라. 경쟁으로 누군가 위에 서 있는 것이 내가 상처받지 않는 방법이다. 그러니 죽고 싶으면 죽고 싶은 마음을 만들게 한 인간부터 이기고 죽어라. 죽어서도 덜 억울하게 난 이렇게 변했다.

손목에 바코드를 그리는 가은이(고1 여)

3월 새학기가 시작된 지 얼마 안 돼서 보건실에서 연락이 왔다. 화장실에서 칼로 손목을 그어서 치료받은 가은이를 상담 의뢰하기 위해서다.

가은이는 강남고에 다니다가 우울증 치료로 1학년 때 자퇴하고 다시 우리 학교에 1학년으로 복학했다. 가은이는 강남고 친구들이 그립고 학교 오는 게 너무 싫고 소속감도 없다고 하였다. 그러다 보니 나이 차이가 나는 동급생들하고 스스럼없이 섞이기는 좀 힘들었을 것이다. 그래서 학기 초에 이방인처럼 겉돌게 되고 늘 혼자 다녔다.

가은이는 손목에 늘 붕대를 감거나 팔토시로 가리고 다녔다. 붕대가 풀려졌을 때 손목의 날카로운 상처를 보고 아이들은 깜짝 놀랐다.

4월에도 수면제 열 알을 먹고 15일 동안 중환자실에 있었다. 수면제 먹은 건 이번이 두 번째고 수면제 먹기 전에도 칼로 자해를 했다. 정말 학교가 가기 싫어서 먹은 거라서 죽어도 딱히 상관은 없다고 했다.

나는 가은이에게 어느 때 가장 힘드냐고 했더니 학교에 있을 때라며 이때는 문득문득 혼자 소외된 느낌이라고 했다. 가은이는 지각과 조퇴가 잦아지고 결석도 많이 하였다. 자퇴하고 싶다고까지 하였다. 기분이 좋아질 때는 언제냐는 질문에 딱히 없는 거 같다고 하였다. 행복한 때는 자기 전인데 그 이유는 하루가 무사히 끝났다는 안도감에서라고 했다.

가은이는 6월 말에 수학 6, 7교시를 빠지고 다시 자살 시도를 했다. 그 이유는 "입원하면 학교를 안 갈 수 있으니까."라고 했다. 그래서 작년에도 학교 빠지고 2주 정신과 병동에 입원한 적이 있다고 했다.

나는 지역 사회 정신건강복지센터와 자살예방센터를 연계하여 지도하였다. 가은이는 정신과 치료를 2주에 한 번씩 받고 있다.

가은이 부모님은 굉장히 관용적이고 아이의 심정을 잘 헤아려 주는 분들이었다.

마음 들여다보기 심리 검사 & 심리 상태

① 스트레스 검사(PITR)

비의 양이 많은 것으로 보아 스트레스 상황에 놓여 있음을 알 수 있다. 비가 오는데 우산을 쓰지 않은 것은 스트레스에 대한 대처 방법을 찾지 못하고 있기 때문이다. 사람의 뒷모습을 그린 것은 대인 관계의 어려움이나 회피를 나타낸 것이다. 사람을 아랫부분에 아주 작게 그린 것과 검은색도 우울과 관련이 있다.

② 나무 그림 검사

작은 나무가 아래에 그려져 있다. 나무 나이는 18세이고 계절은 가을이라고 했다. 특이한 것은 옹이를 많이 그렸는데 이것은 상처나 트라우마를 나타낸다. 가을이라고 표현한 것도 쓸쓸한 마음을 표현한 것으로 보인다.

(a) PITR

(b) 나무 그림 검사

가은이를 위한 상담은 자해하고 싶은 감정과 힘든 상황에 대한 인정이다. "왜"라는 추궁의 말은 하지 말아야 한다. 그런 일을 해서는 안 되는 당위성이나 도덕적 얘기나 충고는 전혀 도움이 되지 않는다.

① 무조건적 수용(감정 읽어 주기)

나는 가은이의 자해 행동은 언급하지 않았다. 우선 감정에 초점을 맞추었다.

"가은아 네가 얼마나 힘들면 그렇게 하겠니? 많이 힘들었나 보구나!"라고 감정을 읽어 주자 가은이는 아무 말이 없었다. 상담도 많이 받았을 것이고 정신과도 다니고 있는 가은이에게는 그냥 늘 있는 일상이라고 담담하게 받아들이는 것 같았다.

가은이의 '지금 여기에' 감정을 감정 카드에서 찾아보도록 하였다. '우울하다, 불쌍하다, 답답하다, 불편하다, 울적하다, 서글프다, 불안하다, 화나다, 짜증 나다, 허탈하다, 기분 나쁘다'를 선택했다. "무엇이 너를 그렇게 우울하게 만드니"라는 질문에 "학교"라고 하였다. 가은이의 자해 행동은 잘못한 일도, 야단맞을 일도 아니라고 자책하지 말라고 말해 주었다. 부정적인 감정이 올라올 때 감정 알아차리기와 스스로 감정 조절을 하는 법도 같이 이야기했다.

② 자해할 때의 감정 이해하기

자해하기 직전에 몸에서 느껴지는 감각이나 정서에 대한 이야기를 나누었다.

가은이는 쫄리는 기분이 들 때 자신도 모르게 자해를 하게 된다고 햇다. 이것은 아마도 불안과 우울감이 순간에 압도적으로 오게 된 것을 말하는 것 같았다.

가은이는 피를 보면 기분이 좋아진다고 하고, 자해하고 나면 통쾌하다고 했다. 이것은 아마 억압된 감정에서 해방되는 느낌일 것이다.

가은이는 자신의 행동을 서슴없이 술술 말했다. 지난 5월에도 새벽까지 잠이 안 와서 수면제 먹고 자살을 시도한 적도 있었다. 위 세척을 하고 의식이 없어서 다음 날까지 중환자실에 있었다. "그때 죽었어야 했는데 왜 깨어났는지 모르겠다."고 하며 처절한 감정을 너무 자연스럽게 표현했다. 지난주 토요일에도 칼로 손목을 그어서 세 바늘 스티치하고 왔다고 담담하게 말했다. 가은이에게 어떤 감정이 들 때 자해하고 싶은지 묻자 모르겠다고 하였다. 죽을 만큼 힘든 이유가 무엇이냐는 질문에도 그걸 모르겠다고 자신도 의문이라고 했다. 가은이가 자꾸 모르겠다고 말하는 것은 자신의 감정을 이해하지 못하고 올라오는 감정 처리를 못하는 것으로 보였다. 6월에는 친구가 없어 학교 오기 싫다고 하며 혼자 남겨진 것 같은 외로움을 호소했다. 수면제를 먹고 자살 시도를 하는 것도 학교로부터 벗어날 수 있는 유일한 방법이기 때문이다. 가은이는 그만큼 학교에 대한 중압감이 심했던 것이다.

③ 긴장 이완 하기

나는 액체 괴물 아이슬라임이나 클레이, 찰흙 등의 매체를 활용하여 촉감을 통해 긴장을 완화할 수 있게 시도해 보았다. 그러나 가은이는 별로 흥미 있어 하지 않았다.

가은이는 아이슬라임보다 자유자재로 변형되는 말랑인형을 좋아했다. 손의 감각을 통해 편안해진다고 하였다. 그리고 신문지 찢기를 하며 소리가 너무 속시원하다고 했다.

나는 조심스럽게 가은이에게 이런 제안을 했다.

"선생님이 자해를 하라는 건 아니고 만일 가은이가 학교에서 또 쫄리는 기분이 들고 자해하고 싶을 때 화장실에 가지 말고 선생님한테 와서 하면 안 될까?"

이 말은 아이의 자해 행동이 비난받을 짓이 아니라는 것과 아이의 감정을 있는 그대로 수용해 준다는 뜻이었다. 가은이는 뜻밖의 말에 너무 의아해하면서 한편 안도감을 갖는 모습이었다.

가은이는 놀란 표정으로 "이렇게 말하는 사람은 쌤이 처음이에요"라고 말했다. 가은이는 마치 "자해해도 괜찮아."라고 들었는지 잠시 긴장의 끈을 놓고 이완된 모습이었다.

나는 '실제로 자해하러 오면 어떡하지?' 하고 내심 걱정이 되었다.

그러나 내가 걱정하는 일은 일어나지 않았고 가은이는 6월 이후 학교 화장실에서도 자해를 하지 않았다.

④ 감정 해소 방법 찾아보기

가은이의 억압된 감정을 해소할 수 있는 방법을 모색하기로 했다. 우선 본인이 재미있는 일이 무엇인지 물어보니 예전 학교 친구들 만나는 것 말고는 딱히 없다고 했다. 나는 가은이에게 "네가 칼로 자해를 하면 피를 봐서 기분이 좋아진다고 한 것처럼 그렇게 짜릿한 기분을 느낄 수 있는 다른 게 없을까?"라고 말하자 가은이는 "아마 없을 거예요."라고 했다. 그래서 나는 이런 제안을 했다.

"네가 피가 나는 데도 아프지 않다고 하는 것은 그 고통보다 자해하는 것이 너에게 더 보상이 된다는 말이지?" 하니까 "네 그래요."라고 했다. 그러면 자신을 학대하는 것이 자해 말고 다른 방법이 무엇이 있을지 찾아보자." 라며 가은이에게 "가장 고통스럽고 힘든 게 무엇이냐?"고 물으니 운동장 뛰는 것이라고 했다.

가은이는 고개를 갸우뚱하더니 "그럼 그렇게 해볼게요." 하면서 다른 방법의 고통이 희열이 있을지 모른다는 생각을 하는 듯 보였다.

실제로 자해하는 아이들 중에는 타투를 하거나 피어싱을 하는 경우가 많다.

카운슬링 팁

피를 보면 기분이 시원해진다는 아이

자해하는 아이들은 시선을 끌기 위해 자신을 해치는 관종이 아니에요. 다른 사람을 탓하지 못해 혼자서 고통을 짊어지고 감내하려는 착한 아이들입니다. 죽고 싶을 만큼 힘들지만 살고 싶다는 무언의 몸부림입니다. 그렇게 함으로써 살아 있다는 안도감을 느끼게 되고 극도의 고통에서 벗어나 편안해지게 되죠. 일종의 마취제 같은 것이죠.

이 아이들에게 필요한 것은 따뜻한 말 한마디예요. "많이 힘들었구나" 비난 대신 있는 그대로 인정하고 받아 주세요. 몸에 난 상처보다 마음의 상처를 돌봐 주세요.

상담 후기

가은이와 상담하고 난 후 기분을 물었을 때 "그냥 좀 편해졌어요. 쌤은 달라요." 가은이의 이 한마디는 나의 작은 성공 경험이었다.

가은이는 전학을 왔고 게다가 복학생이었기에 학교생활이 여느 아이들과 어울리는 것이 쉽지 않았다. 하지만 1학년 2학기부터는 친구도 생기고 학교생활에 조금씩 적응해 나갔다. 3학년 때는 직업 위탁 교육을 자처해서 조리학과에 다녔다. 나는 며칠 전 전화로 가은이가 잘 지내고 있다는 밝은 목소리를 듣고 반가웠다.

우리나라는 OECD 가입국 중 자살률 1위이다. 보건복지부의 실태조사에 따르면 자살 사망자의 92.3%는 사망 전 경고 신호를 보낸다고 한다. 그 신호를 단 한 명이라도 미리 알아차리면 막을 수 있다.

나에게도 뼈아픈 경험이 있다. 내 친구가 미국에서 10년간 살다가 한국에 도착해서 공항이라며 만나자고 했다. 그러나 며칠 뒤로 약속을 잡았는데 그 친구는 그날 호텔에서 자살을 했다. 내가 상담을 전공했으므로 그 친구는 마지막으로 한 번 만나 보고 결정하려 한 것일 수도 있다. 그런 생각으로 나는 한동안 죄책감에 시달렸고 두고두고 후회로 남았다. 그 이후로 나를 필요로 하는 사람이 있으면 어떤 상황이든 바로 달려간다. 그 사람에게 절실한 시간은 지금이지 조금 후도 내일도 아니다. 감정은 흘러간다.

 심리학 노트

● 자해하면 안 되나요?

어느 심리학자는 자해가 도움이 되는 그 방법밖에 없다면 해도 된다고 한다. 자해 말고 다른 방법을 못 찾는 아이가 탈출구가 없어서 그렇게 한다고 한다. 자해는 자신을 학대하는 것으로 아프면서 피를 보면서 안정감을 찾고 고통으로 안 느낀다. 이런 경우 아이들은 감정이 올라오면 초라하고 자기 감정을 자신도 이해를 못한다. 감정을 이해하고 표출해야 한다고 한다.

자해에는 두 가지가 있는데 하나는 실제로 자살을 하기 위해서 하는 자해이고, 두 번째는 비자살성 자해로 자살 생각이 없이 하는 자해이다.

● 다음은 자해하는 아이들의 표현이다.

"나는 쓸모없는 존재이고 이 세상에 없는 것이 좋겠다 하고 누가 나를 죽으라고 하는 것 같아요." 이런느낌을 견딜수 없을 때 자해를 하면 편해져요 "피를 보면 살아 있는 느낌이에요. 좀비 같아요."

● 우리 어른들이 자해하는 아이들에게 하지 말아야 할 말

- 이게 속상할 일이야?
- 야 그럼 차라리 죽지 그래.
- 네가 뭐가 힘든 게 있니?
- 엄마 생각해서라도 그건 아니지.
- 앞으로 살다 보면 그것보다 힘든 일이 얼마나 많은데.

이런 말은 아이들이 자신을 이해받지 못하는 느낌으로 화를 북돋운다.

자해를 시도하는 아이들에게는 자신의 말을 들어 주고 공감해 줄 어른이 없다.

● 부모나 교사의 역할

우선 공감해 주고 자해한 사실 그대로를 받아 주어야 한다.

1. 놀라지 않는다.

2. 친절하게 자해 상처냐고 물어본다.

3. 해야 할 말

- 얼마나 힘들면 그랬겠니? 그런 기분이 있었구나. 엄마가 몰라 줘서 미안해.

- 나는 너를 진짜 걱정하고 있다. 네가 정말 많이 힘들었나 보다.

- 내가 해줄 수 있는 게 뭐 있을까? 언제든지 자다가도 갈 테니까 말해 줘.

4. 조언, 충고, 비난은 금물이다.

5. 상처에 연고 발라 주고 말하지 않는다.

6. 자해하는 아이들의 감정 해소 방법을 찾아 준다.

- 돈 쓰기(자기에게 선물하기), 맛있는 것 먹기, 잠자기(이불 뒤집어 쓰고 차단: 다독여 주는 느낌 받는다). 친구랑 수다 떨기

- 여행(햇빛과 활동과 맛집: 행복 종합 세트), 게임, 음악 듣기

- 강렬한 감정을 다른 감정으로 해소하도록 유도하기

7. 자해하는 아이들의 마음속 분노를 찾아 해결해 준다.

- 신문지 찢기, 액체 괴물 손으로 만지기, 얼음을 손에 꽉 만지거나 이마에 대기

감각에 집중하게 되면 강렬한 감정이 사라진다.

사 례 6 그 일이 잊혀지지가 않아요.

과거의 기억 속에 멈춰버린 인영이(고1 여)

보건실에 자주 갔던 인영이가 우울증 약을 먹는다고 보건 교사가 상담을 의뢰했다.

핏기 하나 없는 하얀 얼굴의 인영이는 가냘픈 청순가련형이다.

입학 후 한 달 이상 학교를 못 나오고 4월 중순에야 오게 되었다. 이유는 거동이 불편한 엄마를 돌봐야 하기 때문이라고 했다.

인영이는 친구도 없고 외톨이였다. 게다가 초등, 중학교에서도 왕따를 당했고 남자애들이 성추행까지 했다고 한다. 지금도 남자들에 대한 거부 반응과 불안 공포가 있다. 현재 본인도 신경 정신과에서 우울증 약을 복용하고 있다. 부모님은 인영이가 태어나기 전에 이혼하였고 현재는 할머니가 가정일을 도맡아 해주신다. 인영이네 가족은 경제 활동하는 사람이 없어서 기초 생활 수급자이다. 인영이네는 특별한 가족력이 있었다. 오빠도, 삼촌도, 이모도 모두 조현병이라고 했다.

인영이는 중1 때 조현병이 발병했다.

인영이는 정서 행동 특성 검사 관심군이지만 심층 면담과 자살 면담에서 크게 문제가 되는 상황은 없었다.

인영이는 헤어 코디네이터가 되고 싶다고 했다. 그리고 봉사하며 주변에 좋은 영향을 끼치고 싶다고 했다.

● 인영이의 문제

1. 과거에 겪었던 사건을 현재 진행형으로 인식하고 반복적으로 되새기는 점이다.
2. 학교생활 부적응으로 지각과 조퇴와 결석이 잦다.
3. 식사와 수면에 문제가 있다. 복통, 구토 설사 등 위장 장애가 있고, 밤에 수면제를 복용 중이다. 저체중(키 163cm에 37kg)으로 기운이 없어서 자주 쓰러진다.

● 인영이의 강점

1. 심리적 어려움에 대해 도움을 받고 극복하려는 의지가 강하다.
2. 희망을 잃지 않고 자신이 건강해져서 가족을 돌봐야 한다는 강한 책임 의식이 있다.
3. 공감 능력이 뛰어나다.

상담 목표는 단기 목표는 고등학교 졸업하는 것이고 장기 목표는 건강한 성인이 되는 것이다.

학생 정서·행동 특성 검사 결과

· **AMPQ-Ⅲ(중·고등학생용)**

01. 검사 결과 정서·행동 문제의 총점

정서· 행동 문제	총점	T점수	백분위수	의미
	44	76	99.53	관심군(우선)

02. 문제 영역별 적응 상황

영역	원점수	T점수	백분위수	의미
심리적 부담	13	87	99.95 초과	상당히 높음.
기분 문제	15	75	99.38	상당히 높음.
불안 문제	13	70	97.72	상당히 높음.
자기 통제 부진	8	60	84.13	양호함.

· **가족관계**

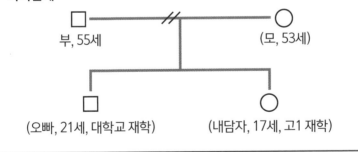

부, 55세   (모, 53세)

(오빠, 21세, 대학교 재학)   (내담자, 17세, 고1 재학)

마음 들여다보기
심리 검사 & 심리 상태

① 학생 정서 행동 특성 검사

관심군 우선(총점 44점: T점수 76, 백분위 99.53)으로 심리적 부담, 기분 문제, 불안이 높게 나타났다. 따라서 대학 병원에 의뢰하여 의료 지원을 받았다. 의료진이 학교로 직접 방문하여 심층 평가를 하였다.

② 나무 그림 검사

기둥이 반듯해 강직하며 정신력은 강해 보였다. 계절은 봄이라고 하였고 이 나무에 필요한 것은 물과 사랑이라고 하였다. 열매를 많이 그린 것은 사랑과 관심이 필요한 것이고 이 나무에 기적이 일어나서 행복해졌으면 좋겠다고 했다.

③ 스트레스 검사

우울하고 죽고 싶어서 빗속에서 피눈물을 흘리며 울고 있는 것이라고 했다. 나머지 아이들은 자신을 왕따시킨 나쁜 친구들이라고 했다. 인영이는 중학교 때 성추행당한 안 좋은 기억을 떠올렸다.

④ 주제 통각 검사(T.A.T)

1GF에서 구타와 심한 따돌림으로 우울증에 걸리고 과거의 충격으로 현재에도 잘살지 못하고 있다는 표현을 하였고, 11번에서는 줄을 타고 올라가고 싶은데 줄이 끊길 것 같다고 미래에 대한 두려움을 나타냈으며 18GF에서는 가족이 아픈 데 돌봐야 할 사람이 없다고 했다.

전체적으로 과거에 대한 부정적인 경험이 현재와 미래에까지 영향을 미치고 있으며 가족 건강에 대한 염려가 나타나 있었다.

주제 통각 검사(T.A.T)

우리가 외부 대상을 인지하는 과정에는 그것을 지각하는 사람 나름대로 이해하고 주관적인 해석을 하거나 상상하면서 받아들이게 된다. 즉 이해, 추측, 상상이라는 심리적 작용이 이루어지는 것을 통각이라고 한다. Murray(1943)에 따르면 '주제' 즉 개인의 공상 내용은 개인의 내적 욕구와 환경적 압력의 결합이고 실생활에서 생기는 일에 대한 역동적 구조이다. 그래서 모호한 상황을 자신의 과거 경험과 현재 욕구에 따라 해석하고 자신의 기분과 욕구를 의식적, 무의식적으로 표현하는 경향으로 인해 T.A.T가 개인의 주요한 성격 측면을 드러나게 한다고 보았다. (출처: 최정윤(2010). ≪심리 검사의 이해≫)

⑤ 성격 유형 검사(MBTI: INFP)

잔다르크형으로 조용하고 따뜻한 성격이며 자연친화적이고 목가적인 것을 좋아하는 유형으로 나타났다. 이 유형은 미술가들이 많은데 인영이도 그림 그리는 것을 좋아했다.

⑥ 새둥지화

뭉툭한 나무 위의 새둥지에는 아기새만 네 마리가 있었다. 둥지가 안전해 보이지 않는다.

부모님의 보호가 부족했던 것으로 보이고 아기새만 있고 부모새가 없는 것은 낮은 안정 애착 수준으로 해석된다.

⑦ 진로 적성 홀랜드 검사

이 검사에서는 사회형으로 나타났다. 인영이는 봉사하는 일을 좋아했다.

⑧ 공감 능력을 알아보는 그림

"안 좋은 일이 생겼는지 모르지만 나의 도움이 필요하면 언제든지 얘기해, 너의 이야기를 들어주고 위로해 주고 싶어." 등 아주 따뜻한 표현이 있다. 인영이는 공감 능력이 뛰어났다.

  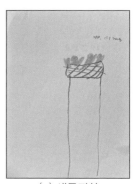

| (a) 스트레스 검사 | (b) 나무 그림 검사 | (c) 새둥지화 |

① 건강하게 살아가기

일단 인영이에게는 정신과 치료를 지속적으로 받도록 하고 약을 잘 복용하게 하는 게 중요했다. 조현병은 약물 치료가 중요한데 인영이는 약을 거부하고 자신의 의지로 이겨내려 했다.

약물 치료뿐 아니라 규칙적으로 식사하기, 운동하기, 햇빛 보며 산책하기 등을 지속적으로 할 수 있게 지지해 주었다.

② 긴장 완화를 위한 미술 치료

인영이는 방학 때 내가 진행하는 특기 적성 미술 심리 이해반에도 두 번이나 참여하였다. 집단 활동을 통해 다른 학생들과도 친구 관계를 형성하는 좋은 기회가 되었다.

그림 그리기를 좋아하는 인영이에게는 미술 치료가 효과적이었다.

- 내감정 알아차리기: 색연필로 다양한 감정의 색을 표현하기도 하고, 파스텔을 맛소금과 혼합하여 감은색을 만들어 작은 유리병에 담아 보았다. 샌드아트와 같다고 신기해했다.
- 분노 표출: 우드록에 분노 감정을 적고 세게 부수고 이쑤시개로 잔해를 정리하는 작업이다.
- 자존감 향상 프로그램: 클레이로 자아상 만들기, 석고로 신체 본뜨기를 하며 자신을 소중하게 여기는 시간이었다.
- 만다라 문양에 채색은 고요하게 자신에게 집중하는 시간이었다.

③ 트라우마 극복하기

"이제 과거의 기억을 그만 놓아 주고 지금의 네 모습을 사랑하자"

　인영이는 중학교 때 성추행으로 인해 남자에 대한 불신과 두려움으로 현재도 그 기억에서 벗어나지 못하고 있었다. 그것을 직면하는 일은 어려워 보였다. 나는 미술 치료 매체를 활용하여 상처와 마주하기를 시도해 보았으나 인영이는 아직 감당할 심리적 힘이 없었다. 오히려 상처만 건드리게 되었다.

　나는 상처를 직면하기보다 저항이 덜한 이미지 사진을 활용하였다. 인영이가 선택한 그림은 주로 평온한 가정의 모습과 마음껏 뛰며 노는 아이들의 그림과 자유롭게 여행하는 그림이었다. 그림 속의 이상적인 모습을 상상하며 카타르시스가 되고 답답한 마음을 잠시 해소했다. 그리고 밝고 행복한 사례 그림을 보며 희망을 꿈꾸기도 했다.

④ 지역 사회와의 연계 지도

　나는 그 당시 관내 정신 건강 복지 센터에 인영이 문제에 대해 사례 회의를 자처했다. 정신과 전문의와 관내 전문 상담 교사와 업무 담당자와 심도 있게 의견을 나누고 그것을 통해서 많은 정보를 얻을 수 있었다. 무엇보다 다행인 것은 인영이가 실질적인 도움을 받게 된 것이다.

　건강 가정 지원 센터에서 지속적 돌봄 지원으로 매일 도시락 3개를 배달해 주고 정신과 치료도 잘 받도록 모니터링해 주었다. 그 후에도 유관 기관에서 지속적인 관리를 해주었다.

카운슬링 팁

그때의 수치스러운 일이 잊혀지지가 않는다면

자신의 존재 자체를 있는 그대로 받아들이지 못하는 것이 수치심이에요.

우리의 심리적 고통(불안, 우울, 분노 등)을 들여다보면 저 밑바닥에 수치심이 자리잡고 있어요. 똑같은 상황에서 다른 사람들보다 더 예민하게 반응하는 사람이 있어요. 그런 사람은 수치스러운 일이 더 크게 와닿아서 힘들어지게 돼요. 과거의 놀리고 고통스러운 경험에 예민해 있다면 그 상황을 극도로 둔감화시켜 보세요. 그렇게 하기 위해 회피하지 말고 반대로 그 상황에 부딪쳐 감정을 아예 노출시켜 보세요.

상담 후기

인영이가 진로 상담실에 오면 모든 교사들이 늘 반갑게 맞이해 주었다. 인영이는 상담실에만 오면 맘이 편안하고 이상하게 잘 먹게 된다고 하며 일주일 사이 체중이 3kg이 늘었다고 했다.

인영이는 결석이 잦아서 기본 수업 일수를 채우지 못해 매년 위태위태했고 자퇴를 결심하기도 했다. 학업 중단 숙려제를 3번이나 실시하였고 체험 학습 등으로 출석 일수를 간신히 채우고 졸업을 했다.

올해 연초에 인영이에게서 전화가 왔다. 밝은 목소리로 건강도 좋아지고 잘 지내고 있다고 쌤 덕분이라고 하며 새해 인사를 하였다.

이 책 사례에 대한 동의를 구하자 인영이는 "저는 쌤이 하는 것은 무조건 괜찮아요." 라고 해서 고마웠다.

심리학 노트

▨ 조현병

조현병은 유전 요인도 있지만 신경 전달 물질(도파민이나 세로토닌)의 불균형이 주요인이다. 양성 증상으로는 환청, 환시, 망상 등이 있고 음성 증상으로는 무감각, 무욕증, 감정 둔화 등이 있다.

인영이의 증상은 가벼운 상태로 무기력과 우울, 불면증과 소화장애 등이었으며 정신적인 증상으로는 과거의 기억을 계속해서 현재 진행형으로 느끼는 것이었다. 가족 모두 조현병이 있어서 인영이는 자신이 빨리 나아서 가족 전체를 돌봐야 한다고 책임감을 강하게 가지고 있었다.

▨ 학생 정서 행동 특성 검사(AMPQ-Ⅲ)

학교에서는 초등학교 1,4학년, 중학교 1학년 그리고 고등학교 1학년 대상으로 학기 초에 학생 정서 행동 특성 검사를 실시한다. 이 검사는 성장기 학생들의 정서 행동 발달상의 문제를 조기 발견하고 악화되는 것을 사전에 예방하기 위해 실시한다. 결과에는 정서 행동 발달상에 문제인 심리적 부담, 기분 문제, 불안, 자기 통제 부진 등의 문항이 있고 개인 내적 성격 특성인 성실성, 자존감, 개방성, 타인 이해, 공동체 의식, 사회적 주도성 등으로 총 63개 문항이다.

위험 문항에는 학교 폭력 피해와 자살이 있다. 정서 행동 문제에 총점이 높거나 자살이나 학교 폭력 피해에 대한 문항에 체크하면 관심군 우선과 관심군 일반으로 분류된다.

내가 있던 학교에서는 보통 1학년 전체 학생 약 400명 중 40명 정도가 관심군으로 나타났다. 전체 아이들을 정상군, 관심군으로 나누어 가정 통신문을 보낸다. 부모들은 관심군 하면 놀랄 수도 있겠지만 내가 상담한 바로는 관심군에서 심각한 상황은 거의 없었다. 교육청 공문에 의하면 관심군 학생들을 상담 교사는 타 기관인 위 센터(중등)나 청소년 상담 복지 센터(초등), 또는 정신과에 연계하여 지도하도록 되어 있다. 나는 관심군 학생들을 우선 상담실에서 개별적으로 심층 면담을 실시한다.

Part 3 따돌림,
관계의 실타래 풀어가기

친구들이 나를 괴롭혀요.

힘들었지? 사실은 그 아이들은
너보다 약하고 외로운 아이들이란다.
오히려 따돌림을 당할까 봐 선제 공격하는,
관계맺기에 서투른 아이들이라고 생각하자.

전교생의 놀림을 받는 가을이(중3 여)

당시 내가 있던 곳은 읍 지역의 중학교로, 대부분의 학생들이 같은 지역 초등학교에서 올라왔다. 그래서 초등학교에 이어서 중학교에 올라와서도 그대로 따돌림을 당하는 경우가 있다. 그 애들은 5~6년 동안 지속적으로 따돌림을 당한 상처를 안고 지옥 같은 학교를 꾸역꾸역 다녔다. 청소년들은 또래 집단의 영향을 그 어느 시기보다 많이 받는다. 이때의 친구 관계는 성격 발달에 중요한 역할을 한다.

처음에 가을이는 집에서 언니가 애정 표현으로 신체를 만지는 게 스트레스라며 상담실을 찾아왔다. 조금은 거만해 보일 정도로 아주 당당하고 활달한 학생이었다. 나중에 들어보니 가을이는 초등학교 때부터 지속적으로 따돌림을 당해 왔다. 이유는 외모가 못생기고 살이 쪘다는 이유 때문이었다.

이렇게 아이들은 자신의 진짜 고민을 처음에 말하지 않고 다르게 말하는 경우가 많다. 그래서 상담자는 지속적인 관심을 갖고 속마음을 털어놓을 수 있게 신뢰감 있는 분위기를 만들어야 한다.

가을이는 아이들을 피해서 상담실에 자주 오게 되었고 조퇴와 결석도 많이 하였다. 아이들의 따돌림을 무마하고자 가을이는 과자를 돌리는 등 선심공세를 펼치기도 했다. 2학년 때는 언어 폭력으로 학교 폭력 대책 위원회도 열었지만 그 후로도 애들은 별로 달라진 게 없었다.

3학년이 되어서 급기야 아이들의 따돌림은 수위를 넘어서 그 학년뿐 아니라 학교 전체로 퍼져 갔다. 아이들은 심지어 쉬는 시간에 그 반 창문으로 동물원 원숭이 보듯 가을이를 보러 몰려들기 시작했고, "저런 애가 우리 학교 있다는 게 창피해, 너 옥상에서 떨어져 죽어라. 내가 밀어 줄게." 등 참을 수 없는 모욕적인 발언을 서슴지 않았다. 그로 인해 가을이의 불안 증상과 스트레스는 극에 달했고 죽음을 생각했고 자살 시도도 했었다.

가정은 화목하고 두 딸 중 막내인 가을이는 가정에서만은 밝고 활달하며 학교에서의 고통을 숨기고 부모님 걱정하실까 봐 아무 말도 하지 않았다.

마음 들여다보기
심리 검사 & 심리 상태

① 집 나무 사람 검사 (HTP: House, Tree, Person)

· 집은 검은색으로 온통 개칠이 심했다.

이 집은 아무도 살지 않는 폐가인데 예전에는 잘 살았고 집도 멋있었다고 하였다.

집은 가정을 의미하는데 지금 자신의 힘든 상황을 감추고 있는 것으로 보였다.

· 나무는 온통 빨간색으로 그렸다.

혼란스러운 모습의 나뭇잎과 기둥을 그렸으며, "비가 오고 핏빛으로 물들었어요. 비가 피니까요"라고 했다. 나무는 곧 자신인데 자신의 고통스러운 모습이 고스란히 나타나 있었다.

· 사람은 팔다리를 싸개 모양으로 한 것은 아픈 환자의 모습이다. 눈에서는 피눈물이 흐르고 있다. "슬퍼요 부모님한테 너무 미안해서 억지로 웃는 거예요"라고 했다. 집에서는 밝은 아이로 친구 문제의 어려움을 숨기고 있었기 때문이다.

② 가족화 그리기

· 자신의 모습은 우유갑 안에 갇혀 있는 모습으로 나중에 숨이 막혀 죽는다고 하였다.

· 엄마는 무지개 우산, 아빠는 가시고기(자식을 위해 할 일을 다하고 죽음.)로 그렸다.

③ 스트레스 검사(PITR)

- 빨간색으로 피로 된 비와 우산 쓴 사람을 그렸다. 우산에는 '주거라' 라고 썼다. 그리고 물웅덩이를 피바다라고 했다. 극심한 스트레스 상황이다. 사람은 죽기 전에 웃는 모습이라고 했다.

  이 사람의 기분을 묻자 애들이 따시키니까 화나고 우울해서 학교 뛰쳐나가서 달리는 차에 뛰어들어 그 자리에서 즉사하는 것이라고 했다. 그래서 피가 흥건하다고 했다.

  왕따로 인한 고통이 역력히 나타났으며 혼자 해결할 수 없음에 가을이는 극단적인 선택까지 생각했던 것이다.

④ 연상화 그리기

- ∫ 곡선을 주고 연상해서 그리게 했다. 유리병 안에 갇혀 있는 새를 그렸고 유리병은 하늘색으로 새는 노란색으로 그렸다. 새는 엄마를 상징한다고 하며 새를 보면 편안해진다고 했다. 마지막엔 부리만 왔다갔다 하다가 죽는다고 했다.

⑤ 기타

- 정서 행동 검사: 우울 검사 B.D.I(41점), 불안 검사 B.A.I(35점), 간편 자살 척도 SSI- Beck(41점), 학교 따돌림 척도 SB 4개
- 성격 유형 검사(MBTI: ESTP) 행동파로 리더십이 있고 과감한 성격이다. 모험을 즐기는 사업가, 활동가 타입이다. 재치 있고 상황 판단이 빠르나 절제함이 부족하다. 욕설이나 주먹이 바로 날아오기도 한다. 교도소에 가장 많이 수감되는 유형이기도 하다.

• 청소년 자아 분석 Ego gram(FC가 높게 나타났다. – 개구쟁이 개
방적)

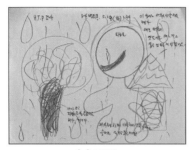

(a) HTP

(b) PITR

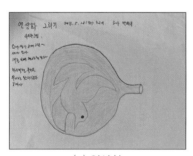

(c) 연상화

(d) 가족화

❀ 솔루션 성공 스토리(학급 단위 집단 상담)

나는 여러 가지로 돕는 방법을 시도해 보았으나 아이는 더욱더 죽음으
로 치닫고 있었다. 마지막으로 아주 강력한 카드를 내밀어 아이들의 감
성에 호소하기로 했다.

① 1회기 수업(친밀감 형성)

1회기에는 반 전체 아이들이 즐겁게 놀 수 있는 친밀감 프로그램을 진행하였다. 이론적인 학교 폭력의 개념이나 심각성은 언급하지 않았다.

① 풍선 놀이

1명, 2명, 4명, 10명 이렇게 조를 짜서 풍선을 위로 던지며 땅에 떨어트리지 않게 하는 놀이이다. 아이들은 풍선이 떨어지지 않게 열심히 놀이에 임했다.

어떤 느낌이었는지를 물어보면 1명 혼자인 아이는 너무 외롭고 재미없었다고 하고 2명, 4명, 10명 순으로 여러 명일수록 재미있었다고 한다. 10명인 조가 가장 즐겁고 웃음소리가 가장 크고 화기애애했다.

② 원 안에서 빠져나오기 게임

이 놀이는 10명씩 둥글게 손을 맞잡고 한 명은 원 안에 들어가 있고 빠져나가려는 아이와 못 나가게 막는 굳게 잡은 손들과의 힘겨루기다. 안에 갇힌 아이는 따돌림의 상징이고 어느 누구 하나 도와주지 않고 똘똘 뭉쳐 공격하는 가해자들 모습에서 원 안에 혼자 있던 아이는 그 역할을 통해 따돌림당하는 아이의 심정을 깊이 느끼게 된다.

③ 역할극(피해자, 가해자가 돼 보기)

역할극도 해보기로 했다. 상황을 연출해서 한 명을 놓고 여러 명의 아이들이 놀리고 심하게 욕하는 장면이다. 애들은 방관자가 되기도 하고 동조자가 되기도 한다.

결국 따돌림 학생이 옥상에 올라가 극단적 선택을 하려는 순간 한 명의 구원자가 나타나서 "예진아 내려와 내가 도와줄게." 라고 말하며 아이를 살려 주는 것으로 막이 내리는 것이다.

그렇게 수업을 마치고 아이들에게 피드백을 받았다. 아이들은 그냥 재미있었다고 했다. 어찌나 떠들썩하고 즐겁게 놀았던지 쉬는 시간에 다른 반 애들이 창문 쪽으로 우르르 몰려와 구경하며 "쌤 우리 반은 왜 안 해요?" 하며 속도 모르고 부러워했다.

② 2회기 수업(친구 관계 형성)

이미 첫 시간에 친밀감이 형성되고 흥미로웠던 기억으로 두 번째 수업은 좀 더 수월하고 적극적으로 진행할 수 있었다. 수업은 이렇게 진행되었다.

① 사례를 들어 얘기하기(도입 부분)

"우리 학교에 이런 사례가 있었단다."라고 도입을 시작하고 스트레스 검사와 가족화, 연상화 그림 등 가을이가 그린 그림을 보여 주며 설명을 덧붙였다. 아이들은 놀라는 표정이었다. 이어서 가을이가 아이들에게 들었던 상처 입은 말을 읽어 주었다.

● 상처의 말들

예를 들어 "역겨워, 웃지 마 토 나와, 비켜 쓰레기야, 네 얼굴 존나 썩은 것 같아, 옥상 문 따 줄게 떨어져 죽어." 그리고 부모에 대한 욕까지 30여

가지 말을 들으며 아이들은 놀란 눈치였다. 그중에는 이미 눈치채고 숙연해하는 아이도 있었다.

② 수업 전개

"우리가 어떻게 도와줄까? 너희들이 도와줄 수 있겠니? 그럼 그 아이의 얘기를 우리가 직접 들어 보자." 가을이가 나오자 아이들은 놀랐고 적막이 흘렀다. 가을이는 준비한 편지를 읽기 시작했다.

"나 가을이야." 울먹이며 망설이다 담담하게 읽어 내려갔다. 결국 눈물로 범벅인 채 4쪽 분량에 편지는 반 전체 아이들을 울렸다. 그동안 처참했던 가을이의 아픔이 고스란히 전해졌다.

◉ 편지 내용 요약

날 놀리고, 무시하고 때리는 애들도 있었어. 너희들은 아무것도 아니라고 생각하지만 너희들의 한마디 한마디가 무지 상처가 되었어. 학교 가기 무지 싫었고 너희들 보기가 두려웠어. 나도 사람이야. 왜 날 벌레 보듯 보고 쓰레기 묻은 것처럼 인상 쓰고 털어내? 얼굴 좀 못생기면 어때? 공부 못하면 어때 너희들은 천재냐? 나는 죽고 싶었고 심지어 자살 시도도 해봤다고. 제발 피하지 마! 부탁할게. 난 밝고 활발한 아이야. 근데 2년이 지나고 점점 변해서 삐뚤어지기 시작했어. 너희들이 날 잡아 주면 안 되니? 나를 좀 잡아 줘라. 나 지금 힘들다.

가을이가 울먹이며 말을 잇지 못하자 아이들은 모두 숙연해지고 같이 눈물을 흘렸다.

편지를 다 읽고 난 후엔 아이들이 가을이를 안아 주고 격려해 주는 시간을 가졌다.

③ 수업 마무리
● 아이들의 진심 어린 따뜻한 격려의 말들

수업 전에 가을이와 사전에 계획을 치밀하게 세웠고 아이들의 감성을 자극할 만한 예쁜 편지지도 준비해서 나누어 주었다.

다음은 반 아이들이 가을이한테 써 준 편지 내용이다.

- 일단 애들이 너한테 그런 말 하는 거 진짜 네가 아니라 게네들이 문제야 그냥 성격 더럽다고 무시해 버려! 그냥 교육을 잘못 받아서 그런 거라고 생각해.
- 너무 외모에 스트레스 받지 마.
  다른 걸로도 충분히 너는 예뻐 보일 수 있어.
- 네가 그 새라고 생각하니까 정말 힘들고 상처 받았을 거라고 생각해.
- 나중에 못된 애들이 너한테 상처 주면 혼자 힘들어하지 말고 연락해.
- 가을아 절대 자살해서는 안 돼. 자살은 절대 방법이 아니야.

그렇게 해피엔딩으로 막이 내리고 가을이는 친구들이 써준 편지들을 생애 최고의 보물이라고 죽을 때까지 간직할 거라고 말하며 품에 꼬옥 안았다.

집단 상담을 하고 난 후 아이들에게 소감문을 받았는데 한 아이는 이렇게 썼다.

"집단 상담은 재미있고 무언가 알게 되는 것 같다. 가을이가 힘든 것을 알게 되었고 이젠 조퇴 하는 이유도 알게 되었다. 그리고 가을이를 도와주어야겠다는 생각이 들었다. 그리고 이렇게 놀이로 하는 수업은 매우 흥미롭고 스트레스 해소가 되었다."

대부분의 아이들이 이렇게 순수하고 선한데 몇몇 아이들의 생각 없이 던진 언행이 눈덩이처럼 번져간 참담한 사례였다.

◉ 비하인드 스토리

그 당시 학교 폭력이 사회에 이슈가 되어 방송에서 학교에 관한 프로그램이 한창일 때 나한테 제안이 왔다. 공문을 통해 EBS에 특집으로 가을이 사례를 제작하기로 했다. 구성안까지 세밀하게 짰고 내레이션도 가을이가 직접 하며 너무 좋아했다. 그러나 안타깝게도 어머니의 반대로 물거품이 되고 말았다, 지금도 그 구성안을 보며 크게 아쉬움이 남아 쓸쓸해진다.

◉ 그 이후

학급 대상 집단 프로그램으로 가을이 사건은 다행히 잘 해결될 수 있었지만 간혹 부작용으로 더 역효과도 있을 수 있다.

그 후로 가을이의 결석과 조퇴가 많이 줄어들었고 성격이 활발해졌으며, 친구들과 잘 지내게 되었다. 그리고 학교 행사에도 적극적으로 참여하였다.

자살 예방 교육 때 전교생 앞에서 '생명 존중 서약서'를 낭독하였고, 축제 때 미술 작품 전시에 도우미로 봉사했다.

한번은 숨을 헐떡거리며 "쌔~앰" 하고 상담실로 들어왔다. 가을이는 친구 이름 세 글자로 삼행시 짓기 대회에서 우수상을 탔는데 전교생 앞에서 받은 표창장을 들고 흥분을 가라앉히지 못하고 바로 나에게 달려온 것이다. 내가 키운 자식처럼 뿌듯한 순간이었다. '아이들은 변하고 잘하는 것이 분명 따로 있구나' 하고 새삼 느끼게 되었다.

카운슬링 팁

외모로 인해 상처받은 아이에게

친구들이 무시하고 벌레 보듯 한다면 그것은 가을이의 외모가 못생겨서가 아니라 심하게 위축된 모습 때문일지도 모릅니다. 놀리는 아이가 있다면 그 아이의 인격이 문제라고 생각하면 돼요. 그러니 외모 콤플렉스로 자신을 비하하거나 위축되지 않았으면 해요. 자신을 보듬어 주고 스스로에게 상처 입히지 말고 자신의 개성과 가치를 인정해 주고 당당하게 살아가면 좋겠어요.

상담 후기

그 이후 4년이 흐르고 대학생이 되어 밝은 목소리로 전화가 왔다.

"쌤 그리워요. 쌤 만나고 싶어요. 저 많이 변했어요. 잘 지내고 있어요"라고 했다.

그리고 10년 만에 극적인 상봉을 했다. 우여곡절 끝에 연락이 되었는데 전화하자마자 "쌤 거기 어디예요. 주소 찍어요, 바로 달려갈게요." 하더니 정말로 춘천에서 산본까지 쏜살같이 날아왔다. 우리는 마치 어제 만났던 것처럼 세월의 벽을 깨부수었다.

예전의 가을이가 아닌 날씬한 긴 머리 숙녀가 되었다. 가을이는 그 당시에 상담실이 유일한 안식처였고 중학교생활의 3분의 2를 상담실에서 지냈다고 회상했다. 상담 쌤이 자신을 비롯해 힘든 애들을 많이 거두어줬다고 고마워했다. 쌤 덕분에 상담사 자격증 땄다고 자랑도 하였다.

그리고 그 당시 나와 친했던 힘든 아이들 소식도 듣게 되어 반가웠다. 다시 그 애들과 같이 찾아오겠다고 했다. 그리고 EBS 방송에 출연을 못하게 된 그 구성안을 보며 지금도 무척 아쉬워했다. 우리는 나중에 영화를 만들자고 했다. 24세의 가을이는 14세의 가을이를 떠올리며 자신의 모습을 의미심장하게 적었다.

"꽃이 가장 아름다울 때는 봉오리일 때지만 힘든 일과 시련을 겪고 나면 비로소 진정 더 아름다운 법이다."

가을이는 역경 속에 핀 꽃과 같이 정말 잘 성장하였다. 이런 제자들이 오랜 시간이 지나도 변함없는 모습으로 찾아 줄 때 나는 마음이 부자가 된다.

윗글이 무색하게도 가을이는 요전에 교도소에 있다고 다급하게 나에게 탄원서를 부탁했다. 정의감에서 사고를 쳤다고 한다. 역시 ESTP 행동파 맞았다.

▨ 친구 만들기 위한 숨막히는 3월의 탐색전

학기 초 일주일 안에 또래 집단이 형성되고 그룹에 끼지 못하면 거의 일년 내내 혼자가 된다. 한번은 입학한 지 4일이 지났을 때 학부모가 상담실로 찾아와서 아이가 전학 가고 싶다고 속상해하는 딱한 사연도 있었다. 그래서 난 매년 학기 초에 상담실 안내와 따돌림에 대한 수업을 학급 단위로 실시한다. 나무 그림 검사도 하여 진단 검사로 활용한다.

"1년 동안 학급 구성원 모두가 잘 성장할 수 있도록 노력하자. 혹시 힘든 친구가 있으면 방관자가 되지 말고 적극적으로 도와주자." 하며 나는 아이들에게 호소한다. 그러면 눈시울이 붉어지는 아이가 있다.

어느 왕따 학생이 "맞는 것보다 더 슬픈 것은 맞는 나를 아무도 돌아보지 않는 것"이라고 하자 아이들은 왕따인 아이 편에서 도와주면 찐따 무리로 취급하며 놀린다고 한다. 안타까운 일이다. 또래 친구가 있다고 다 좋은 것은 아니다. 그 속에는 남 모를 곰팡이가 피어오르기도 한다. 또래 그룹이 여러 명인 경우 그중에는 반드시 센 아이가 하나 있기 마련이다. 여왕벌인 그 아이로부터 암암리에 그 안에서 암묵적인 규율이 만들어진다. 협의가 아닌 일방적인 룰이 정해진다. 그러면 겉으로 보기에는 아주 친밀한 친구들 그룹인 것처럼 보이지만 그 내부는 미묘한 신경전이 있다. 한 아이는 그들이 만들어 놓은 올가미에 심기가 불편해지기도 한다. 숨 막히고 괴로워도 나올 수가 없다. 가령 몇 시에 어디를 가고 누구를 만나고 무엇을 했는지 모두 공유해야 되고 문자도 바로 확인하지 않으면 센 아이는 화를 낸다.

10대들의 이런 무모한 행동은 고2 하반기가 되면 조금씩 사라지는 것 같다. 자신의 진로도 고민하는 시기이고 이쯤 되면 뇌에 전두엽도 발달되어 공감 능력이 더 생긴다고 한다. 10대들은 좌충우돌하면서 미숙하지만 조금씩 함께 살아가는 방법을 배워 나간다.

▨ 상담 프로그램

회기	주제	프로그램 및 심리 검사	목표 및 기대 효과
1	마음 열기	HTP 검사, 스트레스 검사, 우울 검사, 문장 완성 검사 (SCT), 심리이해하기	· 희망 찾기(상담 목표 세우기) · 자신의 이해 · 내 감정 알아차리기
2	자존감 향상	미술 치료: 신체 본뜨기, 풍선에 분노 표출하기 클레이아트, 모래놀이 치료	· 자존감 향상 · 억압된 감정 해소하기 · 그대로의 나의 모습 존중하기
3	집단 상담 (학급 단위)	친밀감 형성 원안에 갇혀 따당해 보기 가. 피해자 경험해보기 친구에게 위로의 글 써보기	· 격려의 말로 회복하기 · 따돌림의 문제 심각성 알기 · 긍정적 자기 모습 재발견하기 · 성공적 또래 관계 형성하기
4	정신 건강	가족과 함께 행복 충전 긍정 단어 퍼즐 게임 생명 존중 서약서 낭독 정신과 심층 사정 평가	· 가족이 가장 큰 자원임을 인식 · 생명의 소중함 알기 · 지역 사회 전문가와 연계 지도
5	감정 조절	분노 조절 훈련 신체 아픈 부분 표현하기	· 분노 감정 수용하기 · 신체화 증상 돌보기
6	대인 관계	내가 만드는 나의 이미지 의사소통. 친구 관계 형성	· 상대방을 존중하며 자신의 생각과 감정을 잘 전달하기
7	나 세우기	참 나와의 만남으로 자존감 회복 내 인생을 영화로 긍정적 자아 회복	· 새롭게 보는 따듯한 세상 · 내 안에 사랑 나누기 · 자신감 회복하기

나를 다시 만나다
어느 은따 학생 이야기(중2 여)

나는 보란 듯이 가해자들보다 잘되고 싶다.

어느 은따 학생 이야기(중2 여)로 가을이 사례가 아니다.

내가 제목을 이렇게 정한 이유는 내가 힘들 때 이 생각을 하며 버텨왔기 때문이다. 나는 초등학교 6학년 때 따돌림을 당했다. 그리고 5학년 때부터는 한 아이에게 가스라이팅도 당했다. 그 아이는 나를 조종하려고 했다. 그런데 나는 그 당시에 친구가 그 아이밖에 없었기 때문에 나에게 무례한 말과 행동을 해도 관계를 끊지 못했다.

6학년 1학기 때 나는 은따였다. 체육 시간에 자율적으로 짝을 정할 때면 나는 늘 혼자였다. 내가 다른 친구들 무리에 끼려고 하면 아이들은 나를 슬슬 피했다. 2학기 때에 제주도로 수학여행을 갔는데 여전히 나는 은따였다. 저녁에 우리 반 여자아이들이 같이 모여서 그동안 서로에게 속상했던 것들을 이야기하면서 좋게 풀자고 하였다.

우리 반 여자아이들은 나 때문에 속상했던 일을 이야기했다. 내가 진실 게임에서 나온 아이들의 비밀을 소문냈다는 말도 있었고 모두 거짓 이야기였다. 그 외에 수많은 인신공격을 당했다.

그래서 나는 사실이 아니라고 이야기했지만 그들은 듣지 않았다. 그렇게 나를 힘들게 해놓고 우리끼리 있었던 일이니까 어른들에게 말하지 말라고 협박을 했다.

　　수학여행에서 돌아오고 난 후 나는 부모님과 담임 선생님께 반 여자아이들이 나에게 했던 말들을 다 이야기했다. 그러자 그 아이들은 강도를 더해 나를 계속 따돌렸다. 내 돈을 뺏거나 심한 욕을 했고 내가 남자아이들을 꾀이려고 한다고 거짓 소문을 냈다. 심지어 우리 부모님이 자신들의 뒷담화를 했다고 하여 가해자들의 부모님들 중 일부는 우리 부모님의 험담을 하곤 했다. 이렇게 가해자들이 계속 힘들게 하자 나는 결국 학교에 이름만 걸어 두고 시험 보는 날 외에는 등교를 하지 않았다. 그리고 나는 엄마와 함께 매일 장거리 출퇴근을 했다.

　　엄마는 회사로 가고 나는 독서실로 가서 공부를 하다가 영어 학원을 갔다. 밥을 먹고 다시 내가 사는 지역으로 가서 수학 학원 수업이 끝나면 스타벅스에서 공부를 하며 엄마를 기다렸다. 그리고 집에 와서는 책을 읽거나 '펭수' 영상을 보거나 '사랑의 불시착'을 보며 공허한 마음을 달랬다. 지금 생각해 보면 그때의 나는 인간이 아니었던 것 같다. 무엇보다 가장 힘든 건 따돌림의 깊은 상처로 인해 나는 늘 공허했다.

초등학교를 졸업하고 중학교에 입학을 하면서 이사를 했다. 나는 과거의 아픔을 잊으려고 하였다. 중학교 1학년 때에도 내 과거는 늘 떠올랐다. 지금도 마찬가지다. 나는 사람을 잘 믿지 못하게 되었다.

요즘 나는 과거의 상처를 극복하기 위해 노력하고 있다. 내 아픔은 아예 없었던 것처럼 잊기는 사실상 불가능하다. 왜냐하면 기억이 너무 강렬하기 때문이다.

나는 관계에서 상처를 받았다. 사람이 상처를 치유하려면 상처받은 부분 관계에서 작은 성취를 해야 한다. 내가 만난 대부분의 사람들은 나를 괴롭히려는 사람들보다 나와 원만하게 잘 지내려고 하는 마음을 가지고 있다. 나는 아픔을 겪은 이후로 내 마음에 굳은살이 생겼기 때문에 전처럼 많이 힘들어하지는 않을 것 같다.

내가 상처를 치유하기 위해 노력하는 또 하나의 방법은 힘든 일로 인해 내가 얻은 것들을 생각해 보는 것이다. 내가 만약 따돌림과 가스라이팅을 당하지 않았더라면 나는 지금처럼 멘탈이 강하지 못했을 것이다. 예전에 나는 툭하면 화를 내고 짜증을 부렸다. 그리고 친구 관계 기술도 서투른 아이였다. 내 내면은 전보다 더 단단해졌고 예전처럼 화를 자주 내지 않고 문제가 생기면 무조건 감정적으로만 접근하지 않으려고 많은 노력을 했다.

그리고 친구 관계의 기술이 발전하여 좋은 친구들과 원만하게 관계를 유지할 수 있게 되었다.

내가 얻은 진짜 교훈은 내 삶을 소중히 여기는 것이다. 사실 이 힘든 시간 동안 죽고 싶다는 생각을 한 번도 하지 않았다면 거짓말이다. 그런데 죽고 싶다는 생각보다 보란 듯이 가해자들을 이기고 싶다는 생각이 더 강해졌다. 그래서 자살을 택하기보다 자기 계발을 택해서 최선을 다해 살았다. 아마 내 인생에서 가장 열심히 살았던 때를 꼽으라면 6학년 2학기 때일 것이다. 내 소중한 인생을 증오하는 사람들 때문에 버려야 할 이유는 없다. 왜냐하면 내 인생은 누군가로 인해 좌지우지될 수 없기 때문이다.

질투가 부른 왕따 사건의 봄이(고2 여)

3월 초에 자그마한 키에 천진난만하게 생긴 봄이는 풀이 죽은 얼굴로 상담실 문을 조심스레 두드렸다. 중1 때 왕따를 당했던 경험으로 중2 때는 같은 반 친구 영신에게 먼저 다가가서 친한 친구 사이를 유지하며 잘 지내고 있었다. 그러던 중 봄이와 초등학교 때부터 친했던 소원이는 질투심에서 영신이가 양아치 같아 재수 없다며 만나지 말라고 했다.

그렇게 봄이와 영신이는 다시 멀어지게 되었다. 봄이는 고등학교 진학 후 친구들과 잘 지내보려고 노력했음에도 불구하고 학기 초에 또다시 외톨이가 되고 말았다. 그 이유는 단지 10대 아이들의 알 수 없는 행동들 때문이다. 왕따를 당하는 데는 대부분 특별한 이유가 없다. 봄이는 정서 행동 특성 검사에서 관심군으로 분류되었고 학교 폭력 피해와 자살 생각에 대한 점수가 높게 나타났다. 봄이의 꿈은 파티시에(Patissier: 프랑스어로 요리사의 뜻)가 되어 오븐에 굽는 디저트를 만드는 것이라고 했다.

● 어쩌다 보니 왕따

왕따시키는 방법은 아주 간단하다. 사실이 아닌 얘기를 지어내 다른 친구들과 험담을 하는 식이다. 봄이에 대해 유독 안 좋은 감정을 표출하는 한 아이가 있었다. 눈이 마주칠 때면, "왜 쳐다봐, 짜증 나." 하면서 다른 애들한테 뒷담화를 하는 식이다. 봄이가 가까이 있는 데도 얼핏 욕하는 것까지 다 들리게 투명 인간 취급했다. 봄이는 안 쳐다봤다고 얘기해도 워낙 다수의 아이들한테 기선이 제압된 상태여서 속수무책으로 당할 수밖에 없는 상황이 계속되었다.

봄이가 나쁜 아이라는 소문은 급속도로 반 전체로 퍼져나갔다. 담임교사는 해결하고자 여러 가지로 방법을 신중히 시도한다. 하지만 가해 학생들은 교사 앞에서는 좋은 관계를 유지하는 척 연기를 하곤 한다. "너 담임한테 꼰질렀지?" 하면서 괴롭힘의 강도가 더 거세진다. 따돌림을 당하는 대부분의 아이들은 이유도 모른 채 답답함을 호소한다.

아이들은 왜 부모나 교사에게 도움을 요청하지 않고 극단적인 선택을 했을까?

아마 얘기해도 달라질 게 없다고 생각해서였을 것이다. 교육부가 실시한 '2019년 1차 학교 폭력 실태 조사' 결과에 따르면 학교 폭력을 당했을 때 피해 사실을 신고하지 않은 이유로 '스스로 해결하려고', '해결이 안될 것 같아서', '선생님이나 부모님의 야단과 걱정 때문에' 라고 답한 비율이 절반을 넘겼다. 그만큼 대부분의 피해 아이들은 부모와 교사가 학교 폭력을 해결하지 못할 것이라는 부정적인 인식을 가지고 있다.

⬤ 솔리언 또래 상담반의 동아리 부장이 되다.

봄이는 내가 지도 교사를 맡고 있던 또래 상담반 동아리를 지원했다. 자신과 같은 처지에 놓인 학생들을 돕고자 하는 마음에서였다. 동아리 명칭은 솔리언 또래 상담반으로 여기서 'Solian'은 '해결하다'라는 뜻의 'Solve'에서 유래되었다. 이 동아리는 우리 학교에만 있는 게 아니라 청소년 상담 복지 센터 소속으로 전국에 두루 있다. 따라서 솔리언 아이들은 20시간의 상담 기법을 연수받고 또래 친구들을 상담해 주는 역할을 한다. 그 외에도 다양한 봉사 활동과 지역 연합 행사에도 참여한다. 솔리언 또래 상담반은 방송반, 도서반과 함께 인기가 많으면서도 인정받는 동아리 중 하나이다.

동아리 부원은 치열한 경쟁 속에 선배들의 면접을 통해 학기 초에 미리 선발된다. 이 동아리에서의 다양한 활동이 생활기록부나 자기소개서에서 유리하게 작용하여 대학 입시에 많은 도움이 되기 때문이다.

봄이는 반에서 친구는 없었지만 동아리실에서 반겨 주는 많은 아이들 덕분에 열심히 활동하였다.

솔선수범하여 매일 점심시간에 힐링타임 도우미를 자처했고 수시로 동아리실에 방문해서 정리 정돈도 했다. 그뿐만 아니라 학교 폭력 예방 캠페인에도 앞장섰고 주말에 열리는 관내 청소년 동아리 활동 연합 행사에도 적극적으로 참여하였다. 그렇게 다른 학교 학생들과도 교류하고 봉사 활동도 하며 자긍심을 갖게 되었다.

봄이는 이렇게 성취감과 뿌듯함을 쌓아가며 보람찬 나날을 보냈다. 그리하여 마침내 2학년 때 동아리 부장으로 선출되었다. 그렇게 학교생활을 즐겁게 하며 동아리에서도 리더로서의 역할을 충실하게 잘 수행하여 참 기특하고 대견했다. 그러나 그 행복은 그리 오래가지 않았다.

● 또다른 방해꾼의 등장

신은 가혹했다. 난 행복하면 안 되냐고요? 신이 있다면 멱살이라도 잡고 따지고 싶다고 누군가 말했는데….

솔리언 또래 상담반 동아리에서 봄이와 함께 열심히 활동하는 친구 가연이가 있었다. 가연이에게는 초등학생 때부터 친하게 지내 온 써니라는 친구가 있었다. 우리 동아리 활동에 종종 참여하던 써니는 점차 스스럼없이 우리 동아리만의 중요 협의 시간에도 끼어들곤 했다. 지도 교사로서 몇 번 주의를 주었음에도 불구하고 무분별한 행동은 계속되었다. 아이들은 눈살을 찌푸리고 불쾌하게 생각했다. 그럴 때 써니의 말투나 행동은 거칠었다. 교사 지시 불이행과 교권 침해로 선도 처분을 주고 싶었다.

그 후 써니는 나에게 앙심을 품고 심술을 부리기 시작했다. 한번은 진로상담부 입구에 걸려 있는 교사들 사진 중 내 얼굴을 유성 매직으로 까맣게 칠해 놨다. 테러를 당한 느낌이었다. 그것을 알려 준 것도 동아리 아이들이었다. 나중에 반성문을 받았지만 그 후에도 여전히 가연이를 핑계로 동아리실을 자주 드나들었다. 써니는 가끔 봄이가 활동하는 것을 방해하였다. 활동 중에 가연이를 불러내기도 하고 밖에서 늘 기다렸다.

그러던 중에 학교에 희한한 미스테리 사건이 터졌다. 그 사건은 무려 3개월 이상 지속되었는데 교사들도 속수무책이었고 한동안 학교 전체가 혼란에 빠졌다.

그 사건은 다음과 같았다.

파우치나 지갑 등이 화장실 변기에 빠져 있었고 화장실 벽에는 욕설에 가까운 낙서가 적혀 있었다. 더 이상한 건 누군가가 우리 학교 페북에 그 사진을 올려서 전교생이 다 알게 되었다는 것이다.

사건은 일주일에 한 번꼴로 발생하였는데 욕설의 수위가 점차 높아졌고 대상도 수시로 바뀌었다. 그중에는 남자 교사에 대한 입에 담을 수 없는 성적인 말도 적혀 있었다. 그 남자 교사 역시 기필코 범인은 잡고 말겠다고 하며 수업 시간에도 복도를 지켰다. 안타까운 것은 화장실에 CCTV를 달 수 없다는 것이었다.

화장실 낙서의 글씨체는 매번 바뀌었다. 그 내용은 봄이 혼자 있게 하라는 것이었다. "봄이 옆에 아직 친구 있네." 하며 가연이의 물건을 계속 훔칠 거라는 말과 함께 가연이에 대한 욕설과 가연이네 강아지에 대한 잔인한 협박의 글로 이어졌다. 묘하게도 그 파우치나 지갑, 문구류 등은 모두 써니의 가장 친한 친구인 가연이 것이었다. 가연이는 누군가 잡히면 경찰에 고발하겠다고 하고 물질적 손해 보상을 받아내겠다고 벼르고 분노하고 있었다.

나중에는 봄이의 가장 친한 친구 선희와 가연이의 친구 선영이에게도 봄이랑 놀지 말라는 내용과 욕설이 낙서돼 있었다.

봄이는 학생부에 학교 폭력으로 신고했으나 범인을 잡을 수가 없어 난감한 상황이었다. 학교에서는 학교 전담 경찰과 긴밀한 연락망을 구축하고 자문을 했으나 딱히 대책을 찾지 못했다. 봄이, 가연이, 써니, 선영이 모두가 같은 반 친구이며 심지어 친하게 지내는 사이였다. 수련회에 가서도 같은 방을 쓰며 누가 봐도 문제가 없어 보였다.

봄이는 너무 우울하고 속상해서 수련회에 가지 않았다. 담임도 범인은 다른 반 아이라고 확신하고 자신의 반 학생들에 대해 조금의 의심도 하지 않았다. 그도 그럴 것이 낙서 내용에 "써니 다음에는 너의 차례야." 라고 적혀 있어서 네 명 모두 피해자이고 범인은 마치 다른 반 아이인 것처럼 보였기 때문이다.

봄이를 괴롭히려면 봄이의 지갑을 가져갔을 텐데 가연이 것만 매번 눈 깜짝할 사이에 없어지곤 했다. 봄이는 자기 때문에 일어난 일이라고 하며 3명에게 같이 안 놀겠다고 했으나 유독 써니는 괜찮다고 하며 계속 친하게 지내자고 하였다.

하루는 써니가 봄이에게 위로의 편지도 써 주었다. 또한, 변기에 빠진 파우치 사진을 봄이에게 주며 학교 페북에 올리라고 하면서 "도대체 누구야."라며 바로 답글을 달기도 했다. 교사들에게는 "범인 왜 안 잡아 줘요?" 하며 봄이나 가연이를 걱정해 주었다.

마침내 교감 선생님까지 각반 교실로 들어가 아이들에게 "지금이라도 자백하면 용서해 주고 아니면 퇴학시키겠다."고 호소 섞인 엄포를 했다. 하지만 보란 듯이 그날도 화장실 변기에 가연이 파우치가 빠져 있는 사진이 학교 페북에 올라왔다. 나중에는 2학년이 사용하는 4층이 아닌 2층 화장실로 무대를 옮겨 가며 우리 모두를 더욱 혼란에 빠뜨렸다. 아마도 범인은 사건이 미궁에 빠져드는 모습을 보며 즐기고 있었을 것이다.

그러던 어느 날 3층 복도에서 큰소리가 났다. "범인 잡혔다!!!" 써니 목소리였다. 연두는 써니가 들어갔던 화장실에서 나왔고 거기에 볼펜이 떨어져 있었다는 것이다. 어처구니없는 연두는 결백을 주장하고자 경찰에 도움을 청했다.

거짓말 탐지기라도 해달라고 했으나 허사로 끝나고 연두는 상처만 입게 되었다. 그 후에도 "병신들, 어차피 못 잡는다며…"라고 낙서는 계속되었고 우리 모두는 그 영악한 한 명의 범인으로 인해 바보가 되고 말았다.

오리무중 사태가 길어지자 학생부장과 교감 선생님은 대책을 논의하였다. 결론은 글씨체 감정과 개별 상담이었다. 학생부에서는 그 학년 전체 수련회 소감문을 검토했다. 상담 교사인 나는 범인을 잡아야 하는 프로파일러가 된 느낌이었다.

마음 들여다보기
심리 검사 & 심리 상태

① 나무 그림 검사

봄이가 고교 1학년 3월에 그린 나무 그림은 아주 작고 위에 붕 떠 있어서 불안을 나타냈다. 사과 열매를 많이 그렸고 관심이 필요한 상태였다. 아래 그림은 졸업하고 3년이 지나서 그린 것으로 예전에 비해 많이 안정돼 보였다.

나무의 옹이는 상처를 의미하며 나뭇잎 머리 부분이 기둥에 비해 크게 그려져 있고 개칠이 많은 것으로 보아 머릿속에 갈등과 생각이 복잡함을 알 수 있다. 아직도 그 가해자 생각으로 힘들다고 했다.

그런데 다행인 것은 나무 옆에 노란 꽃이 한 송이 있다. 꽃은 사랑을 의미한다. 봄이는 남자친구와 요즘 잘 지내고 있다.

② 스트레스 검사(PITR)

스트레스 검사 역시 졸업 후 3년이 지난 현재의 모습이다. 비가 우박 형태로 강도가 있어 보이나 양은 많지 않다. 약간 스트레스 상황에 노출되어 있음에도 불구하고 우비로 단단히 무장하고 장화까지 신었다. 이것은 스트레스를 철저히 대처하고자 하는 마음 자세로 보인다. 물웅덩이도 과거의 스트레스 흔적으로 가산점이 된다.

(a) 나무 그림 검사　　　　(b) 스트레스 검사

※ 피해자 상담

① 봄이야 네 잘못이 아니야

봄이는 자신을 궁지로 몰았던 범인 때문에도 괴로웠지만 학교 전체가 혼란에 빠지자 자신 때문에 생긴 일이라고 자책하며 더 힘들어했다.

봄이가 가장 힘들어했던 부분은 학생부에 신고해도 잡아 줄 수 없다는 말과 교감, 교장 선생님까지 찾아가서 하소연해도 "너희들이 무시해라, 신경 쓰면 더 힘들어진다. 화장실에 CCTV 달 수도 없고 어떻게 해 줄 수가 없다." 라는 말이었다. 점점 미궁에 빠지고 수법이 더욱 악랄해지자 봄이는 현장 사진을 찍어서 교감 선생님께 보여드리고 억울함을 호소했다. 그러나 교감 선생님은 속시원하게 해결할 수 없어서 답답해하셨다. 그리고 봄이를 달래서 보냈다.

피해자들은 해결의 실마리가 보이지 않고 지속되다 보니 가슴만 타들어갔다. 어디 하나 마음 둘 곳 없는 아이들이 믿고 의지할 수 있는 곳은 상담실뿐이었다. 나는 봄이에게 힘을 실어 주며 이렇게 말했다.

"봄이야 네 잘못이 아니야. 너는 똑똑해 모든 과정을 사진 찍었고 캡처해 놓은 거 잘한 거야. 자책감 갖지 말았으면 좋겠어. 물론 많이 억울하고 화가 치미는 건 당연한 일이야. 힘들 때 언제든지 쌤한테 찾아와."

봄이는 매일 나를 찾아와 울상을 지으며 하소연을 하였다. 나는 봄이에게 "순식간에 일어나는 일이니까 분명 너희와 가장 가까이 있고 너를 잘 아는 아이가 범인일 거야."라며 잘 생각해 보라고 했다. 그러나 봄이는 아무리 생각해도 모르겠다고 하였다. 그 이유는 4명의 친구가 서로 아주 친하게 잘 지내고 있었기 때문이었다.

② 동아리 부장으로서 역할 수행 격려하기

봄이는 힘든 상황 속에서도 동아리 활동에 소홀히 하지 않았고 부원들을 잘 챙기고 리더로서의 역할을 충실히 수행하였다. 나는 봄이에게 격려와 칭찬을 아끼지 않았다.

학교에서 하루 종일 공부도 안 되고 힘들었을 봄이를 위해 위클래스에 집단 상담실을 내주었다. 봄이는 가장 친하고 의지하는 친구인 선희와 둘만의 시간을 가졌다.

③ 봄이의 풀리지 않는 억울함 들어주기

봄이는 서면 사과보다는 얼굴 보고 얘기하고 싶다고 했으나 학폭위 처분 결과에 의해 가해자를 끝내 만나지 못했다. 서면 사과조차도 성의 없이 쓴 몇 줄의 글이 다였다. 봄이는 학폭위 결과를 공고문으로 전교생에게 알려야 한다고 주장하였다. 그러나 공개되지 않았고 화장실 사건이 해결되었다고만 언급하는 것으로 끝났다. 학폭위가 끝나고 버스 정류소에 쓸쓸하게 서 있는 봄이 모녀를 만났다.

뭔가 석연치 않은 쓸쓸하고 시무룩해 보이던 봄이의 표정이 아직도 내 기억 속에 생생히 남아 있다. 봄이는 힘없이 작은 소리로 말했다. "쌤이 범인 잡은거 맞죠?" 난 대답 대신 그동안 고생 많았다고 봄이를 토닥여 주었다. 정신적, 물질적 피해 보상에 대한 언급도 없어서 봄이가 더욱 힘들었던 사건이다.

봄이네는 소송할 여력도 없고 너무 지친 상태여서 재심 청구도 포기했다. 학교 폭력으로 피해를 입은 봄이를 도와주는 시간보다 가해자에게 더 많은 시간과 에너지를 소모한 것 같아 봄이에게 미안했다.

● 상담 교사로서의 접근

나는 짐작은 했지만 내가 개입할 문제가 아니었기에 봄이의 다친 마음을 보듬어 주는 것으로 임무 수행을 다한 것으로 생각했다.

그러나 사태가 심각해지자 봄이를 위해서라도 적극적으로 개입하게 되었다. 화장실에 변형된 글씨는 끝에 가서 흘려쓴 것이 예전에 써니의 반성문에 있던 것과 영락없이 똑같았다. 써니 인물화 중 손을 뒤로 감추고 있는 모습에서 죄책감을 엿볼 수 있었고 그림이 위에 붕 떠 있는 것 또한, 불안을 의미하기도 했다(사회 수행 평가지 입수).

상황이 어찌되었건 나는 상담 교사이다. 그 반 아이들을 개별적으로 상담하였다. 물증도 중요하지만 범인의 마음을 움직일 수 있는 상담자의 인간적인 접근이 필요했다.

✿ 가해자 상담

① 써니의 감정 읽어주기

써니가 상담실에 왔을 때 나는 우선 써니의 감정을 읽어 주었다. "그동안 많이 힘들었겠다. 친한 친구들이 피해를 당하고 있으니 속상하겠다." 했더니 "억울해요. 내가 왜 범인으로 몰렸는지 어이없어요. 가연이랑 6년 친구예요. 그런데 내가 그럴 리가 있어요? 학교에서 글씨 감정한 거 말고 또 뭐 있어요? 나는 쌍시옷을 ^^이렇게 하는데 거기엔 안 그랬거든요. 범인 왜 안 잡아 줘요? CCTV 왜 안 달아요? 그거 보면 금방 알 텐데요." 하며 억울한 감정을 막 토해냈다.

나는 써니의 마음을 진정시키며 차분하게 얘기했다. "누가 너를 범인이라고 그래? 써니 생각에는 누가 그런 것 같으냐?"고 했더니 연두 같은데 아니라고 하고 남학생 아니면 다른 반 애들 같다고 했다. "범인 잡히면 어떻게 하면 좋을까?"라는 질문에는 "똑같이 복수하면 안 된다고 담임 선생님이 말씀하셨어요"라고 했다.

"그랬구나, 요즘 봄이랑은 어떻게 지내?" 하고 물으니 "걔가 우릴 피해요. 우린 괜찮다고 했는 데도요." 라고 했다. 나는 써니에게 내가 모두 잘 아는 아이들이라서 진심으로 그 문제를 도와주고 싶다고 했다.

② 상담실은 안전한 곳이야

나는 학교에서는 경찰에 수사를 의뢰하고자 했는데 우선 교육적인 차원에서 해결하려고 하고 있다는 말을 넌지시 꺼냈다. 그래서 자발적으로 말해 주기를 기다려 주는 것이라는 말도 했다.

써니는 아주 민감하게 반응했다. "내가 범인이 아닌데 왜 말해요?" 하며 격앙된 목소리로 말했다. "쌤은 범인을 잡고 처벌하는 사람이 아니야. 친한 친구 사이에 이런 문제가 생겨서 안타까워서 그래, 힘들 때 언제든지 찾아와. 쌤은 써니가 범인이든 아니든 사랑해." 하고 살짝 안아 주었다. 써니는 "범인 잡히면 알려 주세요." 라고 하고 안도의 마음으로 돌아갔다.

써니는 그 다음 날 점심시간에 상담실에 다시 와서는 "쌤 범인 잡혔어요?" 라고 말을 던지고는 머뭇거렸다. 한편으로는 무슨 말을 하고 싶어서 온 것 같았다. 나는 그런 써니를 반갑게 맞이하고 편하게 대해 주었다. "만일에 경찰에서 조사 나오면 어떻게 돼요? 그럼 그애는 어떤 처벌을 받나요?"라고 말하는 등 써니는 여러 가지 궁금한 사항을 질문하였다.

써니는 잠시 망설이다가 교실로 돌아갔다. 그리고 방과 후에 다시 나를 찾아왔다.

③ 진심을 담아 감성에 호소하다

처음엔 억울하다며 엄마 불러와도 되냐고 격앙된 목소리로 말했다. 나는 당연히 된다고 했다. 나는 써니의 억울한 감정을 읽어 주며 "네가 많이 힘들었겠구나. 샘은 너를 믿어." 하니까 한참을 가만있다가 "쌤 학폭 열리고 강전 가면 대학 못 가죠? 저 대학 가야 돼요. 그리고 엄마 아빠한테 어떻게 말해요." 하면서 울기 시작했다.

"사실 쌤 내가요. 진작에 밝히려고 했는데 무서웠어요." 라고 했다. 그리고 사실은 그 남자 쌤을 좋아했다고 죄송하다며 직접 사과하겠다고 했다. 가연이랑 봄이도 만나서 얘기하겠다고 했다. 나는 써니를 가만히 안아 주었다. 나는 상담 교사로서가 아닌 한 인간의 모습으로 "써니야 왜 그랬어 나쁜 지지배 너 혼나야겠다." 어린애들한테 때찌하듯 때리며 부둥켜안고 같이 울었다.

지금 생각해도 나의 그런 행동은 이해가 가지 않는다. 진솔한 인간적인 접근이었던것 같다. 감성에 호소하는 일종의 수법이 아니었나 생각이 든다.

"너무 걱정하지 마. 부모님도 네가 솔직하게 말하면 이해해 주실 거야. 써니는 공부도 잘하는데 대학이 걱정되는구나. 인생을 길게 보자. 이번 일로 많이 힘들겠지만 네가 분명 얻은 것도 있을 거야. 써니가 한층 성숙해지는 계기가 될 것이라고 쌤은 믿어."

가만히 듣고 있던 써니는 조금 안정된 모습을 보였다. 그리고 써니는 눈물 콧물 범벅이 된 얼굴을 감싸며 나에게 감사하다는 말을 연거푸 하며 집으로 돌아갔다.

나는 그날 교감 선생님께 전화로 그 사실을 바로 보고드렸다. 교감 선생님은 써니가 엄청난 사건의 결말에 대한 불안으로 극단적인 선택을 할까 걱정하셨다. 그래서 나는 써니가 집에 도착한 것을 영상으로 확인하고 따뜻한 말로 안정시켰다.

④ 엄청난 사건의 후폭풍 도와주기

학교에서는 이 사실을 부모님한테 알렸고 써니를 바로 등교 정지시켰다. 다음 날 써니는 학생부로 가기 전에 상담실에 먼저 들렀다. 불안해하는 써니에게 어제 부모님과 어땠는지 묻고, 진술서에는 그냥 솔직하게 쓰면 된다고 다시 당부하듯 말했다. 일주일 후에 학폭위가 열렸다.

그날 나는 복도에서 얼굴을 숙인 써니와 마주쳤다. 멋쩍어하는 써니의 어깨를 감싸며 속삭였다. "써니야 다시 시작하는 거야. 네가 솔직하게 말한 거 정말 잘한 거야"라고 말하며 회의실 문앞까지 같이 갔다. 나는 회의실 안으로 들어가는 써니의 뒷모습을 보며 제발 써니의 맘이 바뀌지 않기를 간절히 기도했다.

학폭위 처분 결과는 1호 서면 사과, 2호 접촉 금지, 협박, 보복 금지. 6호 출석 정지, 8호 강제 전학으로 나왔다. 생활기록부에 9호 처분(퇴학)을 제외하고는 거의 졸업과 동시에 기록이 삭제된다. 거의 한 학기 내내 온통 학교를 뒤흔들어 놓은 화장실 사건은 써니의 자작극으로 막이 내려졌다. 써니는 가연이가 봄이와 친한 것에 질투가 났던 것이다.

학교에서 범인이라는 말 자체가 나온 것은 지금도 불편한 단어이다. 나는 그 사건에 대해 절대 함구했다. 그러나 학생부장은 "문 부장님이 일등공신이십니다." 라며 미안해했다.

카운슬링 팁

여자들의 우정은 단순한 친밀감이 아닌 생존 전략이다.

피해자의 감정에 의도적으로 상처를 남겨 정서를 공격하는 것을 관계적 공격성이라고 합니다. 종종 친한 친구들 사이에서 벌어집니다. 우정의 가장 치명적인 것은 배신입니다. 그 우정을 위협하는 존재가 나타나면 분노를 느끼게 됩니다. 써니는 가장 친했던 가연이가 봄이랑 잘 지내는 것에서 비롯된 생존 전략이었던 것입니다. 봄이가 못나서가 아니고 가해자가 공감 능력이 부족해서 그랬을 것입니다. 그러니 더 이상 자책하지 말고 상처를 자신의 것처럼 혼자 떠안고 살아가지 않았으면 좋겠습니다.

◉ 학교 폭력 가해자 상담

학교 폭력 가해자든 피해자든 똑같이 우리가 돌봐야 할 학생들이다. 학생부에서 의뢰되어 온 가해자 아이들 대부분은 부정적인 감정을 잔뜩 안고 찌푸린 얼굴로 상담실로 들어온다. 나는 그 아이들을 웃으며 맞이한다. 내가 가장 먼저 하는 말은 "어서 와 많이 힘들었지?"이다. 사건 얘기보다 우선 감정을 읽어 준다.

부모님이나 학생부에서 잘못에 대해 계속 야단만 맞고 훈계를 들었던 아이들은 뜻밖의 이런 말에 의아한 표정을 짓는다. 이럴 때 대부분 아이들은 신이 나서 자신들도 억울하다며 말을 쏟아내기 시작한다. 실컷 억울함을 토해내고는 나중에는 그런데 자신도 잘못한 게 있다며 스스로 돌아보게 된다.

● 학교 폭력 대책 심의위원회

2011년 대구 중학생 자살 사건 이후로 2012년에 학교 폭력 근절 종합 대책이 발표되었다. 2020년부터는 학교에서 학폭위를 열지 않고 지역 교육청에서 담당하고 있다. 경미한 사건에서 피해학생 및 그 보호자가 동의가 있으면 학교장이 그 사안을 종결시킬 수 있다.

경미한 사건은 폭행이 영속적이지 않고 금전 피해가 없고 2주 이상 진단서가 없고 학교폭력에 대한 신고, 진술, 자료제공 등에 대한 보복행위가 아닌경우 이 네가지 요건에 모두 해당되는 경우를 말한다. 그래서 그 전년도에 비해 학폭 사건이 현저하게 줄었다. 아마도 코로나 19로 비대면 수업이 많아서 일수도 있다.

● 회복적 생활 교육

나는 2019년 갈등 조정 자문단 교원 전문가 양성 연수에 참여한 적이 있다. 30시간의 연수를 통해 회복적 생활 교육과 실제 사례를 가지고 가해자, 피해자, 부모, 전문가 역할을 실습했다.

지역 교육청의 학폭위 과정은 사전 모임, 본 대화 모임, 후속 모임으로 나뉘어지므로 충분히 서로의 감정을 토로할 수 있다. 처벌 위주가 아닌 조정과 화해를 목적으로 건강한 교육 공동체로 성장해 가는 것이다.

갈등 상황 속에서 의사소통을 위한 회복적 질문은 다음과 같다.

① 무슨 일이 있었는가?(상황 이해)

② 이번 일로 누가 어떤 영향을 받았는가?(영향 파악)

③ 관계 회복을 위해 내가 할 수 있는 일은 무엇인가?(자발적 책임)

④ 앞으로 어떤 관계가 되었으면 좋겠는가?(관계 형성)

⑤ 이번 경험을 통해 무엇을 배우고 느꼈는가?(성장의 기회)

나는 그 연수를 마치고 교내에서 학폭 사건이 있었을 때 회복적 생활교육을 적용해 보았다. 그 과정은 잘못한 학생과 피해를 입은 학생을 중립적인 입장에서 조정과 화해를 돕는 것이다. 무엇보다 예전과 달랐던 점은 가해 학생도 자신의 입장에서 말할 수 있는 기회가 충분히 주어진다는 점이다. 그럼으로써 가해 학생의 공감 능력도 향상되는 것을 느끼게 되었다.

피해를 입은 학생 역시 진정 바라는 것은 처벌보다는 진심 어린 사과가 상처 치유에 훨씬 효과적임을 알 수 있었다. 그리고 무엇보다 이 경험을 통해 성장의 기회가 되었음을 아이들이 알아차리는 과정이 뿌듯했다.

"가장 나쁜 화해도 판결보다 낫다"라는 법률 격언이 가슴에 와 닿았다.

상담 후기

그 사건 이후 봄이는 학교가 싫다며 2학기에 대안 위탁 학교를 지원했고 3학년 때는 직업 위탁 교육을 선택했다. 그 당시 나는 대안 학교에 지도 점검을 자처해서 봄이를 만났다. 하얀 가운에 셰프 모자를 쓰고 조리 실습을 하다 나온 봄이는 나를 보자 반가운 나머지 눈물을 찔끔 흘리더니 금세 환하게 웃었다. 옆에는 단짝 친구 선희도 함께 있었다. 대학도 조리학과에 입학했다. 얼마 전 봄이한테 연락이 왔다.

학교에서 친구들도 많이 생기고 잘 지낸다는 반가운 소식을 전해 왔다.

진작에 쌤을 찾아오려 했는데 죄송한 마음에 용기가 나지 않았다고 했다. 그때 쌤이 잘 챙겨 주셔서 지금 잘 지내고 있다며 늘 감사하게 생각했다는 봄이의 말에 나도 그때가 떠올라 울컥해졌다. 그리고 그 당시 쌤이 가해자인 써니에게 잘해 주는 모습이 서운했지만 지금 생각하면 쌤은 양쪽에서 힘들었을 텐데 최선의 선택을 하신 정말 멋진 분이라고 생각한다며 이해해 주었다.

요즘에 온라인에서 학폭 미투로 뜨겁게 달아오르고 있다. 중학교 때 학교 폭력 피해자의 폭로로 난감한 상황에 처한 유명인들을 보게 되었다. TV 노래 경연 프로그램에서 준결승까지 올랐던 참가자는 스스로 도중하차했고 유망한 운동선수들도 사회적인 물의를 일으켰다고 국가 대표에서 탈락되었다.

과거에는 피해를 당해도 알릴 수 있는 방법이 제한적이었고 은폐 왜곡이 많았으며, 보복이 두려워 신고를 못했는데 현재는 SNS나 온라인 커뮤니티를 통해 분노가 쏟아지고 있다. 작금의 사태를 긍정의 시선으로만 받아들일 수가 없다. '누군가에게는 또 다른 상처로 남겠구나' 하는 안타까운 생각도 아울러 들었다.

코로나 시대의 학교 풍경은 많이 달라졌다, 비대면 수업으로 등교일이 줄어서 학폭 사건은 거의 없었던 반면에 사이버 폭력과 학교 간의 폭력 사건이 많았다. 한편 어느 특성화고교에서는 오히려 학교 폭력과 따돌림이 더 늘었고 자퇴생도 많이 늘었다고 한다.

등교일이 불규칙적이다 보니 생활에 리듬이 깨지고 아침에 등교를 못해 결석 일수가 많게 되고 가정에서의 억압된 감정을 학교에서 푸는 경우가 있다고 한다.

심리학 노트

▨ 질투

질투의 감정은 전형적으로 오이디푸스 콤플렉스와 관계가 있다. 오이디푸스 단계에서 반대의 성 부모를 욕망하면서 동성의 부모에게 느끼는 감정이다. 이것은 모든 삼각관계의 원형이며 프로이트는 "방해하는 제삼자"라고 사랑받는 자로서의 자신감 없음이라는 표현을 하였다. 써니의 질투가 가연이와 봄이 사이에 삼각관계에 대한 내면에 쌓인 질투의 그림자가 아니었나 생각해 본다.

▨ 가스 라이팅(Gaslighting)

심리학적 조작을 통해서 상대방의 마음에 스스로에 대한 의심을 불러일으키게 만들어 현실감과 판단력을 잃게 만들어 그 사람에게 지배력을 행사하며 정신적으로 황폐화시키고 파국으로 몰아가는 것을 의미하는 심리학 용어이다. 일종의 정서적·정신적 학대이다.

누군가를 통제하고 억압하려고 하며 상대방의 자아를 흔들어 자신의 영향력을 증폭하려는 것이다.

가스라이팅에 반복적으로 노출되다 보면 자신에 대한 신뢰를 잃어 판단력과 현실감이 사라지고 무기력하게 된다. 아마도 써니는 가스라이터가 되어 여러 사람을 조정하고 그것을 알아차리지 못하는 주변 사람들을 보며 희열을 느낀 것이 아닐까라는 생각이 들었다.

가스라이팅이라는 용어는 1938년 <가스등>이라는 연극에서 유래되었다. 이를 극복하기 위해서는 상대가 인격과 감정을 해치려 할 때 단호하게 자신의 의견을 표현하는 게 필요하다. 우리 모두는 사랑받기 위해서 태어난 소중한 존재이다. 어느 누구도 다른 사람을 조정하고 통제해서는 안 된다.

나를 다시 만나다
사례의 주인공 봄이 이야기

세상이 나를 버린 것 같을 때 단 한 명만 옆에 있다면 성공이야

22살이 된 지금 18살 때를 떠올려 보면 '정말 많이 힘들었구나'라는 생각이 든다. 왕따를 당하면서 정말 자해를 할 정도로 많이 힘들었지만 그 과정을 이겨내면서 좋은 인연을 많이 만날 수 있었던 것은 감사한 일이다. 하지만 그 사건은 지금도 원망스럽고 용서가 안 된다. 그 시절을 잘 버틸 수 있었던 건 딱 두 사람 덕분이다. 선생님 한 분과 친구 한 명.

내 이야기를 들어주는 사람들이 있었기에 잘 버틸 수 있었다는 생각이 들었다.

믿었던 친구에게 테러와 같은 심한 행동을 당했을 때 나는 정말 세상을 잃은 것만 같았다. 그 친구가 가해자라는 걸 몰랐을 때 나는 그 친구에게 같이 지내면 피해만 주는 거 같다고 하면서 따로 떨어져 지내자고 했다. 그때 그 가해자는 정말 장문의 편지를 나에게 써주며 같이 이겨내자고 위로하고 붙잡아 주었다. 그런 아이가 가해자라는 사실이 나는 정말 믿기지 않았고 경악스러웠다. 너무 비참하고 슬펐다.

　　이 세상에 정말 믿을 사람이 없다는 생각이 들었다. 그 당시 그런 일이 오래 지속되었고 이 모든 일들이 나 한 사람으로부터 시작되었다는 생각이 밤마다 항상 나를 괴롭혔다. 매일 울고, 자해하고 다음 날 학교에 가서는 괜찮은 척했다. 상처받을 거 다 받으며 집으로 돌아와서 매일 똑같은 밤을 보냈다.

　　너무 힘들었던 그 시절에 내 유일한 숨구멍은 상담실에 찾아가는 것이었다. 아침에 일어나 눈 뜨는 그 시간부터 잠들기 전까지 하루도 마음 편할 날이 없던 내게 학교는 정말 고통의 장소였다. 등굣길, 수업 시간, 쉬는 시간, 점심시간 학교에서 보내는 모든 시간들이 정말 지옥 같았다. 그런 나에게 유일한 숨구멍은 상담실이었다.

　　나의 이야기를 편견 없이 들어주시는 선생님이 계시는 곳. 하루도 빠짐없이 찾아가 항상 많은 이야기를 했다. 나는 울기도 하고 화내기도 하며 선생님과 많은 이야기를 했다.

선생님은 정말 잘 들어주셨고, 나에게 많은 위로를 해주셨다. 잠시나마 "이렇게 내 편이 있구나!"라는 생각이 들게 해주신 선생님께 정말 감사드린다.

그리고 같은 반에서 힘이 되어 준 친구. 그 친구와 함께 직업 위탁 과정을 이수하며 많은 것을 깨달았다. 친구들에게 다가가는 법을 배우며 많은 친구가 생겼고 소중하고 깊은 인연이 생겨났다.

지금까지도 이어지는 이 인연을 보면 힘들었던 시절에 두 사람이 없었다면 이뤄질 수 없는 일이라고 생각한다. '두 사람이 없었다면 나는 정말 이 세상에 없었겠지?'라는 생각도 들었다. 그만큼 너무 힘들었기 때문에 왕따를 당하는 친구들에게 말해 주고 싶다.

세상이 나를 버린 것 같을 때 내 이야기를 들어주는 한 사람만 만나도 성공한 거라고. 왕따를 당할 때는 꼭 많은 친구가 있어야 하는 게 아니라 내 이야기를 들어주는 단 한 사람만 있어도 이겨낼 수 있다고 말해 주고 싶다.

친구 만들기 탐색전에 휘말린 하늘이(고1 여

작은 키에 왜소한 하늘이는 외모에 신경을 많이 쓴다. 항상 정성 들여 화장을 하고 다니는데 그렇게 하는 데는 아픈 사연이 있다. 초등 5학년 때 반 전체 아이들이 하늘이를 더럽고 냄새난다고 왕따시킨 적이 있었다. 초등 2학년부터 왕따를 당했다. 중학교 때도, 혼자였고 고등학교 올라와서도 혼자였다.

하늘이는 늘 새학년이 되면 자신의 반에 어떤 애들이 있는지 반 배정을 하는 2월에 이미 탐색한다. 그러나 매번 친하게 지낼 만한 애가 없다고 낙심하며 상담실로 오곤 했다. "이제는 혼자 다니는 게 익숙해요" 하며 씩씩하게 혼자 밥 먹고 공부하고 하지만 그런 하늘이에게도 외로움이 항상 도사리고 있었다.

● '나는 쓸모없는 존재야 차라리 죽는 게 나아.'

본인은 잘하는 게 아무것도 없고 쓸모없는 존재라는 생각에 차라리 죽는 게 낫다고 매일 자살 생각을 한다고 했다. 부모님이 자신 때문에 스트레스받는 걸 더 이상 못 보겠다고 자신만 없어지면 된다고 했다. 그러면서 하늘이의 가장 큰 스트레스는 공부라고 한다. 하늘이는 어차피 친구가 없으니까 혼자 공부라도 해서 성적을 올리고 싶어하는데 마음대로 안 되어 매번 좌절한다. 성적에 대한 집착은 정말 강했다. 그 이유는 솔직히 다른 사람들에게 인정받고 싶다고 했다. 하늘이는 꿈이 심리 상담사라고 했다.

두 번째는 불확실한 미래에 대한 고민이다. 세 번째는 외로움이다. 하늘이도 친구랑 놀고 싶고 같이 밥 먹고 싶다고 말한다. 고등학교에서는 따돌림당하는 이유가 하늘이의 눈빛이 째려보는 것 같다는 것이었다. 친구들이 자신한테 다 들리게 뒷담화를 한다고 속상해했다.

하늘이는 정서 행동 특성 검사에서 총점이 56점이고 자살 생각이 높아서 관심군 우선에 속했다. 2차 심층 면담에서 따돌림과 키가 작은 것과 외모에 대한 문제를 호소했고 자살 시도를 한 적도 있다고 했다. 이는 고위험군에 속하는 수준이었다. 친구는 이 학교에는 없고 6학년 때 미국에 간 친구 한 명 있다고 했다. 엄마는 자신의 좋은 친구이며 한편 자신 때문에 가장 힘들어하는 사람이라고 했다. 가족의 이런 지지는 하늘이의 가장 큰 자원일 것이라는 생각에 조금 위안이 되었다. 초중고에 이어 지속된 외톨이 생활로 하늘이는 이제 혼자 지내는 게 익숙해졌다고 말한다. 그 말 속에서 어쩔 수 없는 상황을 벗어날 수 없었던 안타까움이 느껴졌다.

대부분의 따돌림 아이들이 힘들어하는 것은 다른 애들이 찌질이라고 생각하는 것 때문이라고 한다.

하늘이가 혼자 다니지만 체육 시간이나 모듬 활동이나 이동반 수업일 때 더욱 힘들어한다. 같이 놀 친구가 없고 모듬에서도 하늘이를 달가워하지 않기 때문이다. 체육 시간에 가끔 자유 시간이 주어질 때는 삼삼오오 아이들은 벤치에서 희희낙락할 때 하늘이는 어디에 끼어야 할지 무엇을 해야 할지 몰라 혼자 쓸쓸해진다.

● 하늘이의 따돌림의 과정과 상처

따돌림의 이유는 사소한 것에서 비롯된다. 하늘이가 초등학교 때는 코딱지 판다고, 다리 꼬고 앉는다는 것이 이유였다. 중학교에서는 더럽고 냄새난다는 것이 이유였다. 고등학교에서는 눈빛이 꼬아보는 것 같다고 해서 왕따가 되었다. 이처럼 사소한 일이 급속하게 번지면서 변질되어 결국 오해를 받게 되고 이상한 애로 낙인찍혀 버린다.

이렇게 친구가 없는 아이들은 패잔병처럼 보건실, 도서실, 상담실을 배회한다. 체육 대회나 축제 때도 다른 아이들은 환호를 지르고 신이 나서 날뛰는데 하늘이는 상담실에서 혼자 놀았다. 수련회나 소풍도 가지 않았다. 고2 때 수학여행을 갔다. 하늘이는 버스에서도 혼자 앉았고 방 배정도 다른 애들이 다 정하고 난 후에 남은 자리로 가게 되었다.

반 아이들은 천방지축 내 세상처럼 시끄러울 때 하늘이는 혼자 울고 있었다. 마치 이방인처럼 관심 밖의 주변 인물, 요즘말로 아싸였다. 그리고 삼삼오오 시끌벅적 길을 걸을 때도 혼자 묵묵히 걸었다. 긴 고통의 여정을 견디고 와서는 "샘 괜히 갔어요. 엄마가 가라고 해서 갔는데 차라리 학교에 있을걸 그랬어요."하고 후유증을 남겼다. 나는 하늘이가 수학여행에 도전한 것만으로도 박수를 보냈다.

마음 들여다보기
심리 검사 & 심리 상태

① 문장 완성 검사(SCT)

◑ 어머니는 – 자상하고 마음이 여리다. ◑ 내가 어렸을 때는 – 왕따당한 아이다. ◑ 가장 잘하고 싶은 것은 – 공부이다. ◑ 되고 싶은 것은 – 인정받는 것이다. ◑ 걱정되는 것은 – 미래에 대한 불안이다. ◑ 가장 큰 고민은 – 자살 생각과 친구 문제이다. ◑ 되고 싶은 것은 – 심리 상담사이다. ◑ 가장 큰 실수는 – 말할 수 없다.

하늘이의 공부에 대한 열망과 인정받고 싶은 욕구, 그리고 친구 문제 등 갈등 상황이 잘 나타나 있었다.

문장 완성 검사(SCT: Sentence Completion Test)

문장 완성 검사는 미완성의 문장을 스스로 채워 나가는 검사이다. 개인의 욕구나 부모, 교사, 친구들에 대한 태도와 반응 유형을 파악할 수 있다. 또한, 성격 역동에 대한 심리 진단으로 사용하며 이 분석을 통해 개인의 성격이나 적응 상태 등을 이해하게 된다.

② 성격 유형 검사(MBTI: ISFP)

겉으로는 차가워 보여도 속은 가장 따뜻한 유형이다. 외모를 꾸미기 좋아하고 여성스럽고 순발력이 있다. 단점은 우유부단하고 논리적인 면이나 분석적인 면에 약하다. 열등 기능은 T(사고형)이다. 하늘이는 감정 기복이 심하고 결정 장애가 있어서 세 번이나 결과가 다르게 나왔다.

③ 스트레스 검사(PITR)

빗줄기는 강하지 않은 것으로 스트레스 상황은 크게 나타나지 않았으나 우산을 그리지 않았고 스트레스 대처 방법을 적절히 찾지 못하고 있다. 인물이 크게 묘사된 것은 자아가 강한 것을 나타내며 손톱은 공격성을 나타내고 머리가 상대적으로 크게 묘사된 것은 생각할 게 많음을 나타낸다. 상체만 그리고 몸 전체를 그리지 않은 것은 무기력함을 나타낸다. 이 사람 기분은 우울하고 짜증 난다고 하였다.

④ 물고기 가족화

물고기 가족화에서 가운데가 아빠, 그 뒤는 엄마, 맨 앞은 본인이다. 남동생은 그리지 않았다. 가족 중의 한 사람을 생략하는 것은 그 사람과의 갈등을 의미한다.

공부도 잘하고 모범생인 동생은 무의식적으로 그리지 않았다. 물레방아, 불가사리와 수초를 그린 것은 감성적으로 보이며 위에 떠 있는 노란색은 먹이라고 했다. 물 위의 산소통 같은 호스는 억압으로부터 탈출하고 싶은 분출 욕구로 답답한 마음에서 숨을 쉬고 싶은 마음을 나타낸 것이다.

제목은 '아무 생각 없이 오로지 지금만 생각하는 붕어 이야기'라고 정했는데 그렇게 한 이유는 붕어들은 기억이 3초밖에 안 돼서 과거는 돌아보지 않고 현재만 생각한다는 것이다. 다음의 (b) 그림은 2021년 3월 그린 것이다.

물고기 가족화

가족을 직접 표현하는 동적 가족화(KFD)보다 물고기라는 매개체를 통해서 별 저항 없이 표현할 수 있다는 장점이 있다. 물고기 그림으로 가족 구성원의 상호 작용과 가족의 역동을 알 수 있으며 가족 내에서 친밀성 및 관계성, 현재 내담자의 정서적 갈등 등을 파악하는 데 유용한 투사 검사이다.

물고기 가족화를 보며 그림의 제목과 상황에 대한 이야기를 나눈다. 어항의 크기는 자신이 생각하는 집의 크기를 말하며 물고기의 크기는 영향력 있는 사람의 크기와 비례한다. 상하 위치는 심리적 거리를 말해 주며 누구와 가까이 있는지, 마주 보고 있는지를 보면 친밀성을 알 수 있다. 물방울은 가족 간의 상호 작용으로 대화하고 싶다는 의미이고 수초나 장식은 감성적인 표현이다.

⑤ 나무 그림 검사

1학년 초에 검사한 것인데 나무 기둥이 반듯하고 굵은 것은 정신력이 강한 것을 상징한다. 나무 기둥이 일직선인 경우 자기주장이 강하고 성격이 강직하며 밑부분을 점점 넓게 그린 것은 융통성이 있음을 나타낸다.

잎은 정서를 나타내는데 감정을 표현하지 않는 싸개 모양으로 그렸다. 그 래도 아주 건강한 나무이다. 하늘이의 강한 내면을 엿볼 수 있는 장면이다.

⑥ 난화

난화는 낙서 그림이다. 손 가는 대로 자유롭게 그리게 하고 그 속에서 무엇이 보이는지 묻고 이야기를 나눈다. 하늘이는 마음이 보인다고 하 고, 화가 난 감정을 표현한 것이라고 했다. 중간에 검은색 물체는 자신 이 싫어하는 애들을 때리고 부수는 것이라며 억압된 분노를 표출했다. 제목은 '복잡한 마음'이라고 했다.

(a) 스트레스 검사

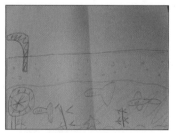
(b) 물고기 가족화

(c) 나무 그림 검사

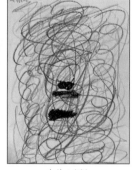
(d) 난화

① 대화 상대 되어 주기

상담실은 하늘이의 유일한 도피처이자 놀이터였다. 반에서 친구가 없는 하늘이는 소소한 이야기도 나에게 끊임없이 쏟아냈다. 나는 친구가 되어 들어주어야만 했다. 하늘이는 지난번에 했던 시시콜콜하고 똑같은 이야기를 반복했고 나는 인내하며 들어 주었다. 수시로 변덕스러운 감정들까지 잘 호응해 주었다.

상담실로 쪼르르 달려와서 교실 속 이야기를 했다. 애들이 자신의 물건을 가져가고, 가방을 뒤지고, 책상을 발로 차고, 책상에 있는 물티슈를 가져가고 호칭을 '십하늘'이라고 한다고 했다. 애들 말로는 장난이라고 하지만 피해자에게는 치명적인 상처로 남는다는 걸 애들은 모른다. 그렇다고 그 즉시 내가 섣불리 개입할 수는 없다.

넌지시 담임 교사에게 말하지만 면밀하게 관찰하고 조심스럽게 접근해야 하고 혹시 일렀다고 더 큰 괴롭힘을 당할지 모른다고 주의 사항도 반드시 알려 준다.

② 공감해주기

이미지 사진 카드에서 시원한 바다나 편안한 정원 등을 선택하며 답답한 마음을 날려보냈다. 화목한 가정을 보고 편안함을 느끼기도 하고 열심히 공부하는 그림 속에서 자신의 꿈을 향해 새로운 각오를 말했다.

공감 대화 카드에서는 마음껏 울고 싶나요? 인정받고 싶나요? 꿈을 이루고 싶나요? 친하게 지내고 싶나요? 도움 받고 싶나요? 등을 선택하며 이들 주제에 관한 이야기를 풀어나갔다.

바람 카드에서는 휴식과 잠, 관심, 즐거움, 편안한 마음 등을 선택했다. 하늘이의 바람은 부모님을 힘들게 하지 않는 것, 친구 생기는 것, 성적 오르는 것이라고 했다.

컬러링북이나 만다라 문양에 색칠하며 자신 안에 집중할 수 있는 고요한 시간을 가지기도 했다.

비추 카드에서는 용기, 한결같음, 평온함, 정직 등에 대하여 진지하게 얘기했다.

감정 카드에서는 불안하다, 겁나다, 쓸쓸하다, 우울하다, 불행하다, 외롭다, 따듯하다, 반갑다 등을 선택하여 내 안의 감정과 마주하는 시간을 가졌다.

미술 치료와 모래놀이 치료도 병행하며 자주 오는 하늘이를 매번 다른 매체로 흥미를 유발했다.

③ 심리적 힘 길러 주기

내담자가 자생할 수 있는 힘을 길러 주는 일이 중요하다. 환경은 변하지 않는다. 따라서 마음의 근육을 강하게 만들어 주어야 한다.

나는 친구들이 무서워서 교실에 못 들어가는 왕따당하는 학생들에게 이렇게 말해 준다.

"그래, 나 왕따야 왜 어쩔래." 일단 인정하는 것부터 시작하자. 물론 이것은 스스로에게 하는 말이다. 자성 예언이나 자신에 대한 칭찬과 격려도 연습한다.

본인이 힘이 생기면 다른 애들이 바뀌지 않아도 그것을 바라보는 관점이 바뀌게 된다. 그러면 견딜 수 있다.

하늘이에게 감정 일기를 쓰게 했다. 감사한 일과 그날의 강하게 느꼈던 감정과 행복 지수 등을 매일 표시하고 피드백을 주었다. 자신을 격려하고 돌봐주며 심리적 힘을 기르도록 하였다.

"하늘아 하늘아 하늘아 김하늘 넌 잘할 수 있어." "오늘도 고생했어." 등의 말을 써서 자신에게 문자 보내기, 자신을 보듬고 안아 주기 등을 연습하게 했다. 처음에는 잘 안되지만 연습을 하다 보면 위안이 되고 용기가 생긴다.

자신을 믿고 당당한 모습에서 흘러나오는 에너지는 다른 애들이 무시할 수 없게 된다. 그러나 모든 애들이 좋아지는 것은 아니다. 의지가 강하고 멘탈이 강해야만 가능하다.

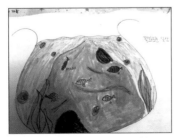

다른 아이 물고기 가족화

평생 지울 수 없는 마음의 스크래치

아이들은 그냥 장난이었다고 말하지만 가을이에게는 평생 지울 수 없는 마음의 스크래치를 남겼습니다. 그 아이들이 아직도 용서가 안 된다고 말하는 하늘이. 과거의 생각으로 더 이상 자신과 싸우지 말고 대항하지 말았으면 좋겠습니다.

그 아이들은 관계맺기에 서투르고 표현 방식이 미숙했던 것입니다. 강해 보이지만 속은 더 여린 아이들이 자신이 거부당할까 봐 먼저 밀쳐내는 것입니다. 그 당시는 무시당하고 무력감을 느꼈지만 이제는 부당한 것으로부터 자신을 보호하고 저항할 수 있는 힘이 생겼을 것입니다. 쓰라린 상처를 한 겹 한 겹 덮는 일은 자신의 꿈을 향해서 보란 듯이 잘 살아가는 것입니다.

상담 후기

하늘이는 3년을 외톨이로 지냈으며 상담실에 거의 매일 출근 도장을 찍었다. 우여곡절 끝에 졸업을 하였고 대학은 사회 복지 학과에 입학했다. 하늘이는 졸업하는 날 어머니와 함께 상담실에 들렀다. 어머니는 아무 말씀도 못 한 채 그저 울기만 하였다. 초등학교 때부터 딸의 사정을 너무 잘 알고 가슴 아파했던 어머니의 심정이 무언의 메아리로 고스란히 전해졌다.

어머니의 흐느낌, 그 웅크린 작은 어깨의 떨림은 감사하다는 말조차 할 수 없었던 절박함이었다. 힘겨웠던 12년의 대장정이 막을 내리는 순간 많은 생각이 주마등처럼 스쳐 지나갔을 것이다. 모녀의 참담한 모습이 지금도 생생하다.

● 하늘이가 과대표가 되다

하늘이는 졸업하고 얼마 후에 나를 만나러 학교에 왔다. 나는 몰라보게 변한 하늘이의 모습에 매우 놀랐다. 생기발랄한 대학생이 되어 한껏 멋을 부리고 아주 당당해진 모습이 낯설었다. 예전의 위축된 모습은 전혀 볼 수 없었다.

하늘이가 과대표가 되었고 친구도 많이 사귀었다는 말에 난 너무 반가웠다. "과대표 너무 힘들어요." 하며 엄살 섞인 얘기는 자랑으로 들렸다. "하늘아 대견하다. 이렇게 잘 지내니 샘도 기분이 좋다."고 했더니 "샘이 없었으면 저는 지금 여기 없었을 거예요." 했다. 그리고 사실 학교 다닐 때 반장을 하고 싶었다고 실토했다.

하늘이가 정말 인정받고 싶은 욕구가 이제야 이루어졌다는 생각에 마치 내가 성공한 느낌이었다.

이번에 책을 내며 자신에 대한 글을 보여 주니 마지막에 눈물을 쏟고 말았다. 하늘이가 울었던 이유는 그 당시 자신이 불쌍하기도 하지만 한편 잘 버텨내서 대견해서라고 했다. 자신을 괴롭힌 아이들에 대한 복수는 꿈을 이루고 장애인들을 위해 열심히 봉사하는 것이라고 했다.

■ 빈약한 서술

이야기 치료에 나오는 말로 주변 사람들이 당사자의 상황을 알지 못하고 쉽게 상처를 주는 말을 하면 당사자는 그 말을 너무 쉽게 자신의 정체성으로 받아들인다. 이것을 '빈약한 서술'이라고 한다.

■ 외로울수록 남을 왕따시킨다.

10대가 친구를 괴롭히는 이유는 다른 친구를 괴롭힘으로써 자신의 외로움을 감추고 자존심을 강화하기 위한 것으로 해석된다. 그래서 여럿이 함께 왕따를 시키면 자신들끼리는 관계가 더 강화되고 존중받을 수 있을 것으로 생각하지만 실제로는 더 큰 외로움과 불안에 빠지게 된다. 친구를 따돌리고 나면 기분이 으쓱해진다는 반응보다 후회스럽고 죄책감이 들며 뭔가 잘못되었다는 느낌이 들었다는 반응이 의외로 더 많다.

이것은 불안하고 외로워하며 상처받고 혼란스러운 마음을 달랠 수 있는 방법을 가르쳐 주기를 간절히 바라는 마음을 암시하는지도 모른다. (정신과 전문의 이정현 ≪심리학, 열일곱 살을 부탁해≫)

나를 다시 만나다 사례의 주인공 하늘이 이야기

울고 싶으면 울어도 돼 그런데 너무 자책하지 마.

이 글을 쓰는 이유는 나와 비슷한 처지에 놓인 친구들에게 도움을 주기 위해서이다.

나는 초딩 때 따돌림으로 그냥 조금만 힘들거나 스트레스를 받을 때 부정적으로 변했으며 자신을 자책하면서 자해를 하기 시작했다. 이런 일을 누군가에게 털어놓지 못하고 그냥 숨겼다. 그래서 더 아팠는지도 모르겠다. 성격은 소극적이었고 소심했으며 낯도 잘 가리고 조용한 아이가 되었다. 늘 혼자이기 일쑤였다. 그래서 마음의 문을 여는 것이 너무나도 어려웠다.

주변에 있는 사람들이 나의 정체를 알고 도망갈까 봐 무서워서 숨어버렸다. 나에게 지난 세월은 가혹하고 힘든 시기였으며 너무 고통스러웠다. 힘들었지만 반복되는 그 생활이 당연시되고 익숙해져 버렸다. 나에게는 희망의 빛 한 줄기가 없던 것 같았다. 그냥 생을 마감하고 싶었다. 나는 나 자신이 잘못이 많은 아이, 잘못된 아이인 줄 알았다. '내가 없어지는 게 맞겠구나' 하는 생각도 많이 했다. 자고 일어나면 하루하루가 고통이었다. 그냥 그대로 눈 감고 지내고 싶었다. 늘 아무 말도 못하고 가만히 있는 것이 일상이 되었다. 나는 자존감이 바닥이었고 내 자신을 너무나도 싫어했으며 나를 그냥 방치하였다.

하지만 나는 힘든 세월을 꿋꿋하게 버티면서 여기까지 왔다.

20살이 되었을 때 이대로 삶을 포기한다면 지난 세월을 참고 살아왔던 게 너무 아까울 것 같았다. 그래서 다시 삶을 살아보기로 다짐했다. 대학 사회복지과에 다닐 때 문득 고2 때 담임 선생님의 말씀이 떠올랐다. '네가 너를 사랑하지는 않으면 남도 사랑할 수 없다.'라는 말이다. 그 당시에는 이해할 수 없어 부정했지만 이제는 이 말이 마음에 와 닿는다. 그래서 내 자신이 변해야겠다고 굳게 다짐했다. 사회복지사가 되어 나보다 더 어렵고 힘들게 살아가는 사람들에게 도움이 되고싶다. 또한, 역경이 찾아오고 마음이 무너질 때마다 나는 하나님께 의지하였다. 나의 죄를 씻어 달라고 기도하며 나의 삶을 바꾸고 싶었다.

코로나로 인해 밖에 나갈 수 없는 환경이 되었다. 워낙 집순이라 상관없겠지 했으나 우울증이 극심하게 왔다. 나는 사회복지사라는 꿈이 확고했기에 엑셀 공부도 하며 장애인 분야 독서도 많이 했다.

책에서는 주위에 장애인들이 없다는 것은 실제 없는 것이 아니라 그들이 장애도라는 섬에 갇혀 살기 때문이라고 한다. 즉 우리가 장애인을 그냥 사람으로 여겨주고 불쌍한 사람으로 여기지 않아야 한다는 것이다. 나는 장애인을 보며 내 삶을 포기하지 말고 잘 살아야겠다고 다짐했다. 또한, 얼마 전에 페북에서 무도를 보던 중 하하가 '필요하지 않은 사람은 없다'고 한 말에 깊이 공감이 갔다. 앞으로 내가 제일 빛난다는 마음으로 살 것이다.

그리고 항상 내 편이 되어주시고 '너는 소중해'라고 하시며 나에게 힘을 주신 상담 쌤께도 감사한 마음을 표한다.

나는 고교 시절 내내 상담실을 오가며 마음을 추스르곤 했다. 학생과 제자 사이를 넘어 지금도 서원쌤과의 인연은 나의 삶의 길목에 자리잡고 있다. 그것은 단지 비즈니스 관계가 아닌 인간적인 교감에서 형성된 관계이기 때문이다.

나와 같은 힘든 여정을 지나는 친구들에게 이런 말을 해주고 싶다. "너무 힘들면 울어도 돼. 그러나 너무 자책만 한다고 해결이 되지 않는다." 매사를 긍정적으로 생각하며 살아가면 자신의 삶을 변화시키고 자신에게 집중할 수 있을 것이다. 여러분들은 힘들고 어려운 일과 맞부딪힐지라도 꼭 이겨내고 어디서든 빛나는 사람이 되길 바란다.

Part 4 아동 학대, 부모의 그림자로부터 벗어나기

엄마는 왜 내 마음을 몰라 줄까요?

엄마도 엄마가 처음이라서 그랬다.

너희들은 모두 소중해.

너희가 상처보다 크고 그것을 넘어설 수

있다는 것을 쌤은 믿어.

어머니의 훈육 방식이 숨막히는 가영이(고1 여)

4월 어느 날 가영이는 풀이 죽은 얼굴로 힘없이 상담실에 찾아왔다.

가영이는 실수로 수행 평가 과제를 집에 두고 와서 가장 낮은 점수를 받았다고 아주 낙담한 표정을 지었다. 가영이는 공부를 열심히 하였고 성적을 올리고 싶어 했다. 친구가 없다 보니 공부에 집착했다.

다음번에 왔을 때는 시험 기간이라 공부에 신경 쓰니까 조금 나아졌다고 했다. 그런데 시험을 망쳐서 아무것도 하기 싫다고 했다. 가영이는 네 번째 만났을 때 비로소 속마음을 말했다. "집에서 부모님이 엄격하세요. 엄마가 특히 심해요." 이렇듯 아이들은 시간이 좀 지나서야 자신의 깊은 상처를 말하곤 한다.

그동안은 학교생활에서 힘든 문제만 얘기했다. 체육 시간에 배드민턴을 자유롭게 연습할 때 함께할 친구가 없다거나 음악실에서 애들끼리 모여 장구 연습을 할 때도 혼자 있는 자기 모습을 누가 볼까 봐 자꾸 신경 쓰이고 외롭다고 했다.

가영이는 학교에서 혼자 지내는 것은 시간이 지나면서 익숙해졌는데 엄마와의 관계에서 받는 스트레스가 너무 크다고 했다.

가영이는 정서 행동 특성 검사에서 관심군 우선에 속했으며 자살 점수가 높게 나타났다. 심층 면담 기록지에는 친구 관계, 진로, 자신감 하락, 외모가 고민이며 가장 큰 스트레스는 엄마의 잔소리라고 적었다. 자살 면담 기록지에는 죽고 싶다는 생각을 하고 계획까지 세운 적이 있지만 실행한 적은 없다고 했다. 가영이의 꿈은 힘든 사람을 도와주는 일을 하는 것이라고 한다.

● 내 마음대로 할 수 있는 게 아무것도 없어요.

가영이는 엄마한테 혼나느라 공부하는 시간을 많이 뺏긴다고 했다. 엄마는 딸의 꿈에는 관심이 없고 혼내는 것에만 관심 있고 잔소리 많이 하고 소통이 안 되고 일방적이라고 했다. 가령 가영이가 시험 기간에 공부를 하고 싶은데 엄마가 '사도 세자' 같은 영화를 보라고 하신다고 했다. 공부보다 인성이 중요하다고 억지로 보라고 강요한다고 했다. 도서관에도 엄마가 정해준 시간에만 가야 되고 더 공부하고 싶은데 마음대로 할 수가 없다고 한다. 매사에 눈치를 봐야 되고 엄마가 말을 안 해도 이제는 암묵적으로 이렇게 해야 된다고 생각을 하니 화가 난다고 했다.

가영이는 스케줄 관리도 항상 엄마 틀에 맞추는 게 싫다고 했다. 사소한 것도 다 지적하고 엄마가 좌지우지하는데 그것이 엄마로서 당연한 일이라는 말을 한다고 했다. 가영이가 하고 싶은 걸 말하면 통보처럼 들린다는 이유로 혼난다고 했다.

"엄마의 잔소리가 30분에서 한 시간인데 엄마의 목소리 톤이 바뀌고 계속되면 너무 숨 막혀요. 엄마랑 있는 것 자체가 숨 막혀요. 그리고 우리 집이 좁아요. 네 식구가 한 방에서 같이 자요. 나의 유일한 은신처는 화장실이에요."

"한번은 남동생이 엄마 교육 방식이 틀렸다고 하니까 불똥이 나한테 튀고 엄마한테 어처구니없이 혼난 적이 있어요. 내 의견은 무시하고 엄마의 기분에 맞춰야 하고 잘못하면 반성의 시간을 갖고 벌을 서야 되고 누적되면 손바닥 때리고 해서 중학교 때도 자해한 적도 있어요. 그것으로 인해 더 혼나고 지금도 매일 죽고 싶은 생각이 들어요. 주말에 최고조를 찍었어요. 최근에 쉬는 시간까지 열심히 공부했는데 성적이 낮아서 토요일에 4시간 동안 무거운 책을 들고 벌서고 일요일도 2시간 벌섰어요. 진짜 의욕이 저하되고 자퇴하고 싶어요."

가영의 이야기를 듣기만 해도 가슴이 답답해진다.

안타까운 마음에 당장 그 어머니를 만나고 싶었다. 가영이의 심각한 상태를 어머니에게 알리고 엉킨 실타래를 풀어가고 싶은데 가영이의 완강한 거부로 할 수가 없었다.

마음 들여다보기
심리 검사 & 심리 상태

① 스트레스 검사(PITR)

가영이의 그림에서 굵은 우박은 스트레스 강도가 심한 상태를 의미한다. 사람은 놀란 표정을 하고 있고 마치 동물처럼 보였다. 우산을 접은 채 뒤로 감추고 있는 것은 스트레스 대처 방법을 찾고 있으나 적절하게 사용하지 못하고 있는 것을 의미한다. 본인은 비 맞는 걸 좋아한다고 했다. 그러나 불가항력적인 스트레스 상황에 오랫동안 노출되어 아예 포기한 것으로 보였다. 그리고 그림이 전체적으로 위에 떠 있고 기저선을 그린 것으로 보아 불안한 상황에 놓여 있음을 알 수 있다.

② 집, 나무, 사람 검사(HTP)

집은 평범하다고 일축해 버렸다. 집은 생각하고 싶지 않다고 질문을 회피했다.

나무는 왼쪽 가장자리에 그렸으며 상처를 의미하는 옹이가 있고 기둥은 반듯하게 그린 것으로 보아 정신력이 강해 보였다. 잎 부분은 싸개 모양으로 감정 표현을 억압하는 것으로 보인다. 뿌리가 강조된 것은 어릴 때 부모의 보호가 미흡한 것으로 추측된다.

나무에게 필요한 것은 의외로 하얀 눈이라고 하며 눈이 내리면 예쁠 것 같다고 했다. 사람은 멍 때리고 있는 거라고 하였다. 상체는 크고 하체는 가늘고 빈약한 다리를 그렸다. 왠지 불안해 보이고 어정쩡한 모습을 하고 있다.

③ 문장 완성 검사(SCT)

◑ 요즘 나는 - 의욕이 없다. ◑ 내가 잘하는 것은 - 아무것도 없다. ◑ 우리 엄마는 - 나를 많이 혼낸다. ◑ 나의 나쁜 점은 - 너무 많다. ◑ 내가 가장 두려운 것은 - 말하지 않는다. ◑ 나를 가장 화나게 하는 사람은 - 잊으려 하는 중이다.

가영이는 위축되고 자신이 없고 엄마에 대한 부정적인 감정을 표현하였다.

④ 화산 그림

화산은 속에서 폭발이 일어나서 새까맣게 탔고 위에는 타고 남은 화산재가 떠 있는 것이라고 했다. 나중에는 속에서 폭발이 심하게 일어날 것이라고 했다. 가영이는 분노 표출과 통제가 적절하게 이루어지지 않은 것으로 나타났다.

(a) 스트레스 검사　　　(b) HTP 검사　　　(c) 화산 그림

⑤ 성격 유형 검사(MBTI: INFP)

조용하고 목가적인 것을 좋아하고 책 읽는 것과 그림 그리는 것을 좋아하는 유형이다. 가영이의 꿈은 그림 그리는 것이다. 캐릭터 그리는 것에 집중하면 조금 맘이 편해진다고 한다. 그리고 화장품 덕후로 개발에도 관심이 많다. 그러나 엄마한테는 꿈을 말할 수가 없다.

● 가영이의 심리 상태

가영이는 엄마의 강압적이며 일방적인 태도를 어릴 때는 무조건 순종했으며 자신이 잘못해서 혼난다고 생각하였다. 그런데 문제는 너무 오랜 기간 엄마의 일방적인 교육 방식이 가영이에게 내재되어 자신의 생각을 펼칠 수 없게 무기력한 상태가 되어 버렸다. 그 굴레에서 벗어날 수 없고 대항하지도 못하고 숨 막힌다고 말하는 가영이는 억압된 분노가 쌓여 갔으며 만성 불안으로 이어졌다.

● "아무것도 하고 싶지 않아요. 죽고 싶어요."

2학년 1학기 말 2차 지필고사 기간에 시험이 오전에 일찍 끝나서 가영이는 친구와 함께 양화대교에 갔다. 자살을 시도하려는 것이었다. 그런데 가영이가 엄마의 허락도 없이 제시간에 집에 귀가하지 않자 가영이 엄마는 경찰에 신고하였다. 휴대 전화 위치 추적으로 경찰이 아이들을 찾아내 학교로 데리고 왔다. 가영이가 다음 날 상담실에 왔을 때 "그동안 네가 얼마나 힘들면 그렇게 했겠니?" 하니까 특별한 일은 아니고 그동안 쌓인 것 때문이라고 담담하게 말했다.

"어제 경찰에서 조사받고 아동 보호 전문 기관에서 상담을 하였는데 2/3 정도는 얘기한 것 같아서 속이 시원한데 일이 너무 커졌어요" 하며 불안해하였다. 엄마가 달라질 사람도 아니고 오히려 자신만 더 혼날 것 같다고 하였다.

이참에 어머니가 조금이라도 가영이의 마음을 헤아려 주길 바랐다.

가영이의 자살 시도가 이번이 세 번째로 두 번째까지는 심하게 혼났는데 이번에는 말로만 잔소리를 엄청 듣고 손바닥 25대밖에 안 맞았다고 한다. 그렇게 대수롭지 않게 말하는 가영이가 너무 안쓰럽고 안타까웠다. 아동 보호 전문 기관에서 부모와 분리를 해서 2주 동안 쉼터에서 생활하였다. 그 이후에는 다시 집으로 돌아갔다. 아마도 다시 재학대 가능성이 높다. 이렇듯 아동 학대 사건 이면에는 늘 제도적 공백이 있기 마련이다. 부모의 잘못된 훈육 방식이 아이를 학대했던 것이다.

가영이 외할머니는 엄마가 어릴 때 돌아가셨다. 할아버지가 5남매 자식들을 혼자 엄하게 키우셨으며 셋째 딸인 엄마도 많이 맞고 자랐다고 한다. 그래서 가영이 엄마는 나름대로 자신의 신념을 가지고 아이를 잘 키우고 싶었던 것이다.

또한, 가영이가 선천성 심장병과 초등 6학년 때 뇌전증으로 쓰러진 적이 있어서 더욱 관심을 쏟은 것이다.

① 억압된 감정 쏟아내기

가영이가 오랜 기간 어머니로부터 받은 잔소리와 불가항력적인 상황에서 느꼈던 감정을 끊임없이 토해 냄으로써 억압된 감정을 조금은 해소할 수 있었다.

가영이는 엄마한테 혼났던 얘기와 자신의 지금의 심정을 하염없이 말했다. 엄마의 잔소리를 20년 정도 들어서 이제는 목소리도 듣기 싫고 기분이 나빠져서 자신도 모르게 인상을 찌푸리게 된다고 했다. 그래서 요즘 엄마가 더 예민해졌다고 한다.

혼자 해결하기 힘든 일이 생기면 주변 사람들에게 손 내밀어 도움을 청하라고 말했다.

② 분노 표출 하기

화산 그리기, 풍선에 분노 감정 표출하기, 우드록 뒷면에 지금의 감정과 하고 싶은 이야기를 적고 이쑤시개로 콕콕 찌르고 주먹으로 빠개기 등을 실시했다. 가영이는 처음에는 위축된 상황에서 세게 치는 것조차 마음껏 하지 못했다.

③ 강점 찾아주기

심리 검사를 하면서 강점을 찾아주었다. 나무 기둥이 반듯한 모습에서 정신력이 강하고 똑바로 서 있음을 알 수 있다.

MBTI 성격 유형 검사(IINFP)의 장점인 그림을 잘 그리는 부분이나 온순하고 목가적이며 자연을 사랑하는 부분, 책을 좋아하는 것 등 꿈을 향한 희망의 메시지를 전달해 주었다. 자신이 좋아하는 일이 성격과 잘 맞는 것을 확인하는 좋은 계기가 되었다.

④ 소통하기

공감 대화 카드를 통해서 자신이 하고 싶은 것에 대해 충분히 이야기를 함께 나누었다.

가영이는 다음 네 가지 카드를 선택했고 자신이 선택한 이유를 설명하며 가상의 꿈을 펼쳤다.

좋은 관계를 원하나요? (학교에서의 친구 관계, 집에서의 엄마와의 관계 등)

아름다워지고 싶나요? (외모 콤플렉스로 성형 수술을 하고 싶다고 하고 화장품 덕후 코덕에 대해서 얘기함.)

자유롭게 행동하고 싶나요? (집에서 자유가 보장되지 않는다고 함.)

의식주가 지금보다 더 나아지고 싶나요? (집이 더 풍요로워졌으면 좋겠다, 집에 은신처가 있으면 좋겠다고 함.)

⑤ 미술 치료와 모래놀이 치료

그림 그리기를 좋아하는 가영이는 만다라, 컬러링북 등 색칠하기와 캐릭터 그리는 것에 집중을 잘했다. 그리고 모래놀이 치료를 실시했는데 큰 바위와 잔디를 앞에 배치하였고 선교사가 마을에 와서 기독교를 전파하는데 사자와 호랑이가 선교사를 죽이려고 한다고 했다.

그때 한 소녀가 마을 사람들에게 이 사실을 알려 줘서 마을 사람들이 사자와 호랑이를 죽였다고 하였다. 이것은 그동안 가영이가 무기력하고 대항할 수 없었던 자신의 힘든 상황을 종식해 줄 강자인 사자와 호랑이를 등장시킨 것이다. 그런데 차마 선교사를 죽이지 못하고 마을 사람들이 사자와 호랑이를 죽인 것으로 묘사했다. 나중에는 평화로워진다고 했다. 사자와 호랑이는 공격성을 의미하는데 억압된 분노가 표출된 것으로 보인다. 바위는 숨을 수 있는 곳이어서 가져왔다고 했다.

여기에서 엄마는 선교사로 투사시켜서 가영이의 깊숙이 숨어 있는 무의식이 나타난 것으로 보인다. 끝난 후 기분을 물었을 때 아무렇지도 않다고 덤덤하게 말했다.

카운슬링 팁

일방통행만 있었던 관계

엄마의 일방적인 훈계와 지시가 숨막혔던 가영이. 그 엄마는 자식을 잘 키우고 싶어서 그랬던 것입니다. 엄마는 표현이 서툴렀던 것이지 가영이를 사랑하지 않은 것이 아닙니다. 엄마 방식대로 최선을 다한 것으로 이해해 주세요. 지난 세월이 분통 터지고 원망스럽겠지만 이제는 가영이가 운전대를 잡고 가고 싶은 데로 마음대로 갈 수 있으면 좋겠습니다. 자신의 삶을 온전히 주도적으로 살기를 바랍니다. 완벽한 부모는 없습니다. 부모도 불완전한 한 인간으로 바라봐 주세요. 자신에게 소중한 생명을 준 것만으로 감사하게 생각해 주세요.

가영이는 상담실이 유일한 안식처였다. 자살 소동 이후 가정에서의 문제는 일체 함구했다. 나는 끝내 어머니를 만나지 못했고 한마디도 하지 못해 아쉬움으로 남았다.

아동 학대 사건과 관련해서 내가 늘 겪는 아픔이다. 부모의 이해와 협조가 절실하게 필요한데 부모의 확고한 교육 신념으로 속수무책이었다. 자살 시도로 부모님께 학교 내방을 요청했을 때 화를 내며 민감하게 반응하였다. 담임 면담이나 보호자 서명이 필요할 때나 학교에서 교육비 지원을 해주고자 했을 때도 부모는 오지 않았다.

어머니가 그렇게까지 단호하게 학교 방문을 거절했던 데는 기막힌 사연이 있었다. 졸업 즈음에 안 사실인데 한글을 몰라서 창피해서 못 왔다고 하며 눈물을 흘렸다. 우리는 그때서야 어머니를 이해하게 되었다. 또한, 안타까운 것은 아이도 그 사실을 몰랐다고 했다. 자존심을 지키기 위한 그 어머니의 눈물겨운 암투와 억눌린 자신의 화가 고스란히 아이한테 투사된 것 같았다. 상담하면서 한계에 부딪히는 난감한 상황은 이렇게 다양하다.

심리학 노트

▪ 아동 학대

최근 '정인아 미안해.'로 온통 나라가 시끄러웠다. 16개월 된 아이를 양

부모가 학대하여 죽음에 이르게 된 충격적인 사건이다.

아동 학대는 신체적 학대, 정서 학대, 성적 학대, 방임으로 나뉜다. 부부 싸움도 아이에게 불안을 주는 것으로 넓게 보면 아동 학대라고 한다.

매스컴에 알려진 것은 계모, 계부와 관련된 사건이 많지만 가해자의 거의 80%가 친부모라고 한다. 보건복지부 2019년도 통계에 따르면 1년에 42명이 아동 학대로 사망하고 24개월 미만이 24% 이상으로 잘 드러나지 않은 아이, 출생 신고도 안 되었던 아이들이라고 한다. 친부모가 왜 계모, 계부를 말리지 못했냐고 물어보면 말리면 아이를 더 때린다고 해서 그랬다고 한다.

▨ 훈육과 학대는 다르다.

방송에서 이 문제를 다루었는데, 대부분의 가해자들은 부모의 훈육법으로 정당화한다. 어린이집이나 보육 시설에서는 즉시 분리가 가능하지만 부모일 경우는 분리가 어렵다. 훈육과 학대는 다르다. 경찰관들의 애로 사항을 들어 보면 가장 기피하는 보직이 APO(학대 예방 경찰관)라고 한다.

증거가 없고 정황만으로 증거를 입증하려니 혐의점 판단이 어렵고 오히려 부모들에게 민원 신고가 들어오고 법적 소송까지 가기도 한다고 한다. 결론적으로 우리 사회가 인식이 바뀌어야 되고 부모가 되기 위한 교육이 반드시 필요하다. 건강 가정 지원 센터나 육아 지원 센터 등에서 부모 되기 교육을 받을 수 있다.

▨ 아동 학대 우리가 지켜 줄 수 있다.

아동 학대로 의심되는 아이를 보면 112에 신고하면 도울 수 있다.

신변 보호를 위해 익명으로 하고 정황만 이야기하면 된다. 아동 학대 피해로 의심되는 것으로는 몸에 이상한 상처, 화상, 담뱃불 자국, 성적 학대(인형을 대상으로 하는 이상한 행동), 부모에 대한 지나친 공포 등이 있다. 그리고 성장 저하, 계절에 안 맞는 옷 착용, 냄새나는 아동 등도 아동 피해를 의심해 볼 수 있는 상황 증거이다.

우리의 작은 관심이 아이들을 구할 수 있다고 서울예대 사회복지학과 김재헌 교수는 말한다.

늘 포근한 엄마가 그리운 나영이(고2 여)

나영이는 고등학교에 입학한 지 며칠 안 되어 부스스한 얼굴로 상담실로 들어왔다. 조금도 망설이지 않고 편하게 말을 걸어왔다. 전에 상담실을 자주 이용하여 익숙한 곳으로 여기는 것 같았다.

나영이는 세 살 때 엄마가 집을 나가서 조부모님과 살게 되었고 초등학교 5학년 때부터 새엄마와 살게 되었다.

중1 때 새엄마는 올림머리를 가위로 자르고 가위를 집어 던져 이마가 찢어진 적도 있었고 눕혀 발로 밟아 갈비뼈에 실금이 간 적도 있었다. 저항조차 할 수 없었던 어린 나영이는 방 안에서 늘 불안에 떨며 혼자 암울한 시간을 견뎌야 했다.

그러던 어느 날 새엄마가 집을 나가라고 소리치자 화가 나서 집을 나와 상담 교사에게 연락을 하였다. 학교에서는 바로 아동 보호 전문 기관(이하 아보전)에 신고하였는데 새엄마가 다시는 안 그런다고 해서 집으로 들어가게 되었다.

그러나 중학교 2학년 11월에 다시 학대가 심해져서 집을 나왔고 쉼터에서 5월까지 있다가 그 후에 공동생활 가정(그룹홈)으로 가게 되었다.

나영이는 가족으로부터 보호받고 사랑받아야 할 시기에 새엄마와의 갈등 속에서 늘 외롭고 의지할 데 없는 허전함 속에서 살고 있었다. 나영이는 늘 손톱과 입술을 물어뜯어서 항상 불그스레한 상처가 나 있었다.

● 공동가정에서의 생활

학기초에 시설장에게서 전화가 왔다. 나영이를 절대로 상담실에 오지 못하게 하고 얘기를 들어주지 말라고 하였다. 나영이는 입만 열으면 거짓말을 한다는 것이다. 수화기 너머로 전해 오는 말투와 어조는 강압적이며 일방적이었다.

책을 좋아하는 나영이는 자주 도서관에 갔는데 시설장은 사서 교사에게도 전화를 걸어 도서실에 오지 못하게 하라고 지시했다. 이상한 책만 본다는 게 이유였다. 학교에서 있으며 처음 경험해 본 당혹스러운 요청 사항으로 한동안 혼란스러웠다. 그럼에도 불구하고 나영이는 꿋꿋하게 상담실과 도서실을 자주 이용하였다. 그곳은 나영이에게 가장 위안이 되는 곳이었다.

● 나도 인정받고 자유로워지고 싶어요

나영이는 시설장의 강압적인 훈계와 자유를 억압하는 지시로 힘들어했다.

할머니가 위독하실 때도 간신히 시설장의 허락을 받고 가게 되었다.

중환자실에 계신 할머니는 코와 입 여기저기 줄을 매달고 계셨고 뼈와 가죽만 남아 앙상한 모습이었다. 나영이는 아무 말을 할 수 없었고 그냥 그 자리에서 오열하고 말았다.

나영이를 길러 주시고 유일하게 정을 준 할머니를 늘 그리워하고 만나고 싶었는데 10년이 넘어서야 마주한 할머니 모습은 처절했다. 그 후 할머니가 돌아가셨는데 장례식에도 참석하지 못했다. 나영이는 일생에 한 번뿐인 수학여행도 가지 못했다. 사고가 나면 책임질 수 없다는 것이 시설장의 이유였다. 나영이에게 컴퓨터는 물론 휴대 전화도 없었다. 이로 인해 아빠와의 연락도 어려웠고 인터넷 계정도 못 만들었으며 친구들과의 소통도 힘들었다. 한창 온라인에서 다양한 정보를 접하고 게임도 할 나이인데 아무것도 할 수 없었다.

학교에는 구시대 유물처럼 공중전화가 하나 있었는데 그 앞에서 서성이며 전화를 하는 유일한 아이가 나영이었다. 시설장은 아침에 성경책을 읽지 않으면 밥을 주지 않았다고 한다. 치마 길이가 짧다고 가위로 잘라서 못 입게 만들기도 했다. 나영이가 시설장에게 가장 상처를 받았던 말은 "너는 인성이 잘못되었다." 라는 말이었다.

● 다시 아동 보호 전문 기관에 도움 요청

어느 날 나영이는 시설에서의 생활을 도저히 참을 수 없다며 공동생활가정에 들어가지 않겠다고 선언하였다. 담임 교사와 나는 저녁 7시가 넘도록 고심한 끝에 학대가 의심되어 교감 선생님께 말씀드렸고 아보전에 신고하였다. 그 즉시 상담을 실시하였고 나영이는 격리 조치가 되어 쉼터로 갔다.

아보전에서 다른 아이들도 전수조사하였지만 아무런 문제도 발견되지 않았다. 미리 교육이 이루어졌다고 한 아이가 말했다. 그 후 한동안 담임 교사와 나는 시설장으로부터 심한 폭언과 협박에 시달려야 했다.

시설장은 학교에 찾아와서 나영이를 만났고 쉼터에까지 찾아가서 나영이를 회유시켜 다시 시설로 돌아가게 되었다.

나영이는 다시 시설로 들어가기 전에 몇 가지 기본 생활 보장을 시설장에게 정중하게 요청했으나 전혀 지켜지지 않았다. 그럴 거면 다시 나가라는 말에 낙심만 커졌다.

● 나영에게 찾아온 또 다른 시련

고2가 된 나영이에게 시설장은 야간 자율 학습을 권유했다고 한다. 나영이는 저녁도 학교에서 해결하고 늦게 남아서 공부를 하였다. 그러던 어느 날 몸이 안 좋아 휴게실 의자에서 쉬고 있는데 한 남학생이 할 이야기 있다며 손을 잡고 무조건 끌고 갔다. 복도 끝 계단 후미진 곳으로 가서 "너 나 좋아한다." 라는 어이없는 말을 듣게 되었다. 그리고는 상상할 수 없는 끔찍한 일을 당하게 되었다.

나영이는 바로 다음 날 이 사실을 나에게 먼저 말하였다. 나는 학생부장에게 학교 폭력 사실을 알렸고 학교에서는 경찰에 신고하였다. 그 후에 학교 전담 경찰이 왔고 나영이와 그 남학생을 조사하였다. 그 남학생은 사실을 인정했고 진술서를 썼다. 학교에서는 바로 그 남학생을 자퇴 처리하고 사건이 일어났던 후미진 복도에 CCTV를 설치하는 것으로 일단락 지었다. 교장 선생님은 수시로 나영이를 불러 위로해 주었다. 학교나 시설에서는 외부로 이 사실이 노출되는 것을 결코 원하지 않았다.

가해자 부모님이 찾아와 위로금으로 300만 원을 주고 용서를 청했다. 그러나 나영이의 상처는 깊었다. 그 일이 머릿속에서 떠나질 않았고 자꾸만 생각나서 공황 장애가 오고 악몽을 꾸었다. 너무 힘들어 옥상에 올라가 뛰어내릴 생각도 하였다. 그러던 어느 날 그 남학생을 길에서 마주쳤는데 소름이 쫙 끼쳤다고 한다.

마음 들여다보기 심리 검사 & 심리 상태

① 스트레스 검사(PITR)

비는 스트레스를 의미하는데 우산도 없이 빗속에 그대로 노출된 상태로 아무런 대처 방법을 찾지 못하는 상태이다. 나영이는 비 맞는 것을 좋아한다고 했다. 애써 자신의 힘든 상황을 회피하는 듯 보였다. 졸라맨을 그린 것도 무기력함을 의미한다.

② 집, 나무, 사람 검사(HTP)

이 집에는 아무도 살지 않는다고 했다. 나무는 한 살이고 나이테는 썩은 것이고 이 나무한테 필요한 것은 사랑이라고 했다. 사람은 아무 감정이 없다고 했다. 나무 나이는 자신과 비슷한 것이 건강한 나무인데 한 살에 머물렀다. 사람은 마치 솜뭉치로 싸인 듯한 인형의 형태로 불안정한 모습이다.

HTP(House-Tree-Person) 검사

벅(Buck,1948) 이 고안한 투사적 그림 검사로서 집, 나무, 사람을 그리게 한 뒤 몇 가지 질문을 통해 해석한다. 내담자의 성격, 행동 양식 및 대인관계뿐 아니라 지적 수준도 알 수 있다. 집은 내담자가 지각한 가정환경을 나타내고 나무는 무의식적 자기상과 자신에 대한 감정을 나타내며 사람은 의식에 가까운 부분으로 자기상과 환경의 관계를 나타낸 것이다. 이후 해머(Hammer.1958)가 더욱 발전시켜 임상에 적용하였다. 준비물은 A4 용지, 4B연필, 지우개이다. 각각 한 장씩에 그리는데 종이 한 장에 모두 그릴 수도 있고 색연필로 채색할수도 있다.

(출처: 김춘경 외(2016). ≪상담학 사전≫ 학지사)

③ 새둥지화

여러 마리의 아기새와 알을 그렸다. 어미새는 없다고 하였다. 이것은 어린 시절 부모와의 관계가 매우 낮은 안정 애착 수준을 나타낸 것이다. 여러 마리의 새를 그린 것은 외로워서 함께할 사람이 필요한 것으로 보인다. '새둥지를 그려 주세요'라고 요청하는데 모형을 제시해 주기도 한다.

④ 성격 유형 검사(MBTI: ISFP)

성인 군자형으로 마음이 매우 따뜻한 유형이다. 순발력이 있으며 휴먼 드라마를 좋아한다. 단점은 우유부단하고 결단력이 없으며, 열등 기능은 T(사고형)로 논리적이고 분석적인 면이 약하다.

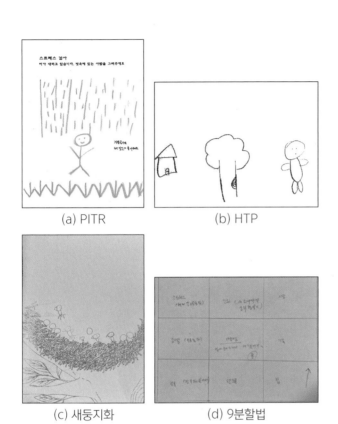

(a) PITR   (b) HTP

(c) 새둥지화   (d) 9분할법

⑤ 9분할법

지금 머릿속에 떠오르는 것을 오른쪽 아래부터 시계 반대 방향으로 순서대로 적어 보게 하였는데 처음에 '집'으로 시작해서 '마음 가짐'으로 끝이 났다. 집에 대한 막연한 동경에서 가족과 사랑이 생각났고 새엄마와의 신뢰 형성이 안 된 점과 현재 살고 있는 집에서의 스트레스라고 했고 모든 걸 감사하게 생각하고 싶고 행복해지고 싶다고 했다. 휴대 전화를 갖고 싶고 9번의 마음가짐은 원래 집에 들어가거나 자신이 거주하고 있는 시설에서의 마음가짐을 잘해야겠다고 가장 속에 있는 감정을 말하였다. 여기서도 나영이의 내면의 욕구가 그대로 드러났다.

9분할법

무의식을 알아보는 좋은 방법으로 간단하면서 쉽게 활용할 수 있는 투사 검사이다. 9분할법은 A4 용지에 검은색으로 테두리를 해주고 3×3(9)칸으로 분할한다. 지금 머리에 떠오르는 생각을 자유 연상으로 그림이나 글로 표현하게 한다. 오른쪽 밑의 칸부터 반시계 방향이나 반대로 중심부터 시계 방향으로 해도 상관없다. 자기 방어가 심해 9칸을 다 그리지 못해도 상관없다고 알려 준다.

상담사는 순서대로 묻고 고찰한다. 표현한 간단한 단어 중에 치료의 중요한 열쇠가 되는 것도 있다. 1번과 9번은 의미가 있다. 1번이 의식 세계라면 9번은 좀 더 무의식에 가까우며 시간적으로 좀 더 근접한 것이다. 9분할법의 활용은 주제를 정해서 엄마나 친구를 생각하면 떠오르는 것, 또는 지금 하고 싶은 것 등으로 상황에 맞게 적용할 수 있다. 상담자의 욕구와 내면 세계를 이해하는 데 도움이 된다. (왼쪽 위에서 1번을 시작하기도한다)

(제27회 미술 치료연수회자료집 9분할 통합 회화법 참고)

● 나영의 고단한 일상과 심리 상태

어느 날 나영이가 던지고 간 일기장에는 상상할 수 없는 삶의 처절함이 쓰여 있었다. 그것을 읽는 순간 누군가 뒤에서 망치로 내 머리를 내리치는 것 같았다. 그 일부분이다.

"누가 나를 죽여 줬으면 좋겠다. 나 자신이 없어질 수만 있다면 다른 사람이 내게 '네 삶을 좀 팔아라.' 또는 '내가 죽여 줄까?' 하면 나는 0.1초의 망설임도 없이 '네.' 라고 답할 것이다. 하루하루가 곤욕스럽다.

내 삶이 점차 피폐해져만 간다. 너무 힘들다. 정말 죽고 싶다. 죽지 못해 하루를 산다. 시한부가 나보다 좋을 것 같다.”

그동안 나는 나영이를 이해한다고 생각했는데 난 그 아이의 아픔의 깊이를 알지 못했다. 나는 한동안 가슴에 총 맞은 것처럼 아팠다.

나영이는 학교생활의 대부분을 상담실에서 지냈다. 항상 풀어헤친 긴 머리로 얼굴을 가린 채 “쌔~~~앰” 하고 흐느적거리며 나타나서 “다시 우울해졌어요.” “죽고 싶어요.” “짜증 나요”. “어이없어요” 등의 말을 할 때면 가슴이 철렁하며 놀라게 된다. 이런 일이 반복되면서 나도 나영이를 받아 주는 일이 벅차고 힘들었다.

① 전이 현상 이해하기

나영이는 끊임없이 자신의 이야기를 하고 싶어 하고 자신의 처지를 알리려고 했다. 늘 텅 비어 있는 허전함을 메워 줄 대상을 끊임없이 찾아 구름처럼 떠도는 아이였다.

나영이에게 가장 필요한 것은 같이 시간을 보내 주는 일이었다. 의지할 곳 없는 나영이를 나는 아무리 바빠도 포근하게 대해 주었다. 나영이는 허전한 마음을 달래려고 학교에서도 애착 인형을 늘 가슴에 품고 다녔다. 나영이는 사람들에게 너무 밀착된 관계로 의존적이었다.

그래서 내면의 힘을 키워 주는 것이 필요해서 거리를 두기로 하고 나영이에게 상담실에 주 1회 오는 게 어떠냐고 제안한 적이 있었다. 나중에 안 사실인데 나의 그 말이 나영이에게는 큰 충격이었다고 한다. "쌤마저도 나를 버리는구나" 싶어 오갈 데 없다는 생각에 죽고 싶었다고 했다. 나는 절박한 나영의 심정을 외면한 것 같아 매우 미안했다.

② 장점을 찾아 자존감 세우기

책 읽는 것을 좋아하는 나영이에게 필요한 책을 추천해 주고 같이 그 내용을 토론하였다. 감정 일기를 매일 쓰며 감사한 일과 행복 지수를 체크하고 자신에게 칭찬하기 등을 반복하였다. 자신을 보듬고 자존감을 높여 주기 위해서이다.

나영이는 책을 많이 읽어 지식이 풍부했고 머리가 좋아 공부도 잘하였다. 사리 분별력이 뛰어나고 현실을 냉철하게 보는 면이나 공동 시설에서의 힘든 상황을 잘 적응하려고 노력하는 모습에도 칭찬과 격려를 아끼지 않았다.

③ 긍정적 자아 개념 심어 주기

아이들은 부모나 주변 인물로부터 좌절을 경험한 경우 부정적 자아 개념을 갖게 된다. 나영이는 부정적인 경험을 계속하게 되면서 죽음을 생각하는 등 늘 우울하고 무기력했다. 따라서 나영이에게는 존재 인정 자극(Stroke)이 필요했다.

나는 나영이에게 존재 자체만으로 사랑받을 수 있는 소중한 사람이라고 말해 주었다. 인간의 존엄성에 대하여 그리고 자신에 대한 존재감을 일깨우는 시간을 갖게 했다. 긍정적 자아 개념이 형성되기까지는 시간이 많이 걸릴 것이다.

④ 대학생 1:1 멘토링 연결해 주기

인근 대학교에서 마침 대학생 멘토링을 의뢰하여 나영이를 연결해 주었다. 그 여대생은 또래 상담 동아리 학생으로 상담 기법을 소정 시간 이수한 학생이어서 본인에게도 좋은 실습의 기회가 되었고 나영이에게도 많은 위로와 도움을 주었다. 내가 지도 교사로 매번 상담록 확인과 코칭을 해야 하는 번거로움은 있었지만 나영이는 그 멘토 언니를 많이 좋아하고 의지하게 되었다. 휴대 전화가 없는 나영이와의 연락은 중간에서 내가 매번 연결해 주었는데 멘토링 기간이 끝나고도 계속해서 둘 사이의 훈훈한 만남은 계속되었다.

⑤ 지역 사회 안전망을 연계하여 도움 주기

나는 나영이에게 트라우마에 대한 심리적 지원뿐 아니라 신체적인 상해 부분에 대하여 산부인과 검진을 받아 보라고 했다. 다행히 심각한 성병은 아니고 몇 가지 균만 발견되었다.

성폭력 예방 기관인 해바라기센터에는 미성년자이므로 보호자 동의가 있어야 했다. 나는 나영이 사정을 미리 전화로 양해를 구했다. 나영이는 혼자 성폭력 예방 센터에 가서 상담을 받았고 그곳에서 원스톱으로 연결되어 있는 경찰에 곧바로 신고가 되었다. 그리고 자살 예방 센터에도 안내해 주었다. 그곳에서도 지속적인 상담과 치료비 지원을 해주었다. 그 남학생은 조사를 받았고 처분은 보호 관찰 6개월과 집행 유예 2년, 성교육 120시간으로 나왔다.

카운슬링 팁

인간의 존엄성에 대하여

자신의 통제를 벗어난 상황에서 혼자 발버둥치며 외롭게 살았던 나영이. 죽음의 터널을 숱하게 지나왔던 지난날 상처투성이 자신을 이제는 보듬어 주세요. 누구나 소중한 존재이고 하나의 인격체로 존중받으며 살 권리가 있습니다. 살다가 다시 난관에 부딪힐 때 좌절하지 말고 당당하게 일어날 수 있는 회복 탄력성을 믿어 주세요. 좋은 배우자 만나서 작은 성공 경험을 하면 참담하고 부정적으로 보였던 세상이 환하게 긍정적으로 보이게 될 것입니다. 못다 핀 꽃 한 송이 활짝 피어날 날 언젠가 올 것으로 믿으며 자신감 갖고 살아가면 좋겠습니다.

상담 후기

나영이는 졸업 후에 대학 사회복지학과에 입학하였고 그 시설에서 나와서 정부에서 지원해 주는 전세 임대 주택에서 살고 있으며 2년간은 생계 급여 월 52만 원과 생활 자금 월 30만 원씩 지원받으며 아르바이트도 하고 잘 지내고 있다.

졸업 후 하루는 나영이가 병원에 입원했다고 전화가 왔다. 나는 예전처럼 가슴이 철렁했다. 허겁지겁 반찬 몇 가지와 간식을 싸 들고 달려갔다. 나영이는 마침 검사하러 가고 빈 침대만 덩그러니 있었다. 찾아오는 이 하나 없는 듯 썰렁해 보였다. 나는 진정 보호자가 되어 아이를 기다렸다. 한참 후에 검사가 끝나고 나영이가 나왔다. "쌔~앰" 하며 마치 어린 아이들이 아플 때 어리광을 부리듯 팔짱을 끼며 좋아했다. 그 후에도 가끔 나를 찾아왔다. 남자 친구가 생기고 많이 위안이 되는 듯 한층 밝아 보였다.

"3년 내내 상담을 하였는데 나영이 얘기를 쓰려고 하니 막상 쓸 말이 없네" 했더니 나영이는 이렇게 말했다. "쌤은 그냥 든든한 나의 버팀목 이었어요. 쌤 존재만으로도 옆에 있다는 것만으로도 많은 힘이 되었어요" 나영이와 함께 했던 그토록 힘든 시간들이 주마등처럼 스쳐 갔다.

 심리학 노트

■ 해바라기센터

성폭력 피해 지원 센터로 365일 24시간 심리 지원, 상담 지원, 수사 법률 지원을 하는 곳이다.

해바라기센터가 전국에 39곳이었는데 점점 문을 닫는 곳이 늘어난다는 안타까운 보도가 있었다. 국립중앙의료원에서 운영하고 있는데 의료진들은 책임 소재에 대한 부담이 크고 그에 반해 혜택은 적고 급여도 낮아서 운영이 힘들다고 한다.

종사자들의 처우 개선과 제도적인 보완이 이루어져서 센터가 정상 운영되고 피해자들이 언제 어디서든 지원을 받을 수 있게 되길 바란다.

▨ 아동 보호 전문 기관

전국에 68곳이 있는데 이곳에서는 피해 아동 보호 및 구조 활동과 피해 아동과 부모 상담 및 치료, 아동 학대 예방 교육 등을 실시한다.

아보전이 전국에 68곳이 있다. 아동 학대 예산 증액과 인프라 확충 및 종사자 처우 개선 등 대책 마련을 정부에 촉구하는 뉴스를 본 적이 있다. 아동 학대가 증가함에도 불구하고 해바라기센터와 같이 종사자들의 근무 환경은 만족스럽지 못하다.

나를 다시 만나다
사례의 주인공 나영이 이야기

내일은 또다시 내일의 태양이 뜨겠지.

내가 살아온 삶을 다시 돌아보고 싶지 않다. 나는 어릴 때부터 미운오리새끼였다, 그래도 어린 시절 할머니와 살았을 때가 가장 행복했다.

초등학교 4학년 겨울방학때부터 새엄마와 살게되었다.

새엄마는 내가 친엄마를 닮아서 그런다고 비난의 소리를 많이 하였다.

나는 밖에 나가서 친구들이랑 놀수도 없었다. 새엄마는 저녁에 책을 서서 한시간동안 읽으라고 했고 주저앉거나 책을 떨어뜨리면 10분씩 연장되었다. 아빠는 새벽에 나가 저녁이 돼서야 들어오시니 새엄마가 나에게 무슨일을 벌이는지 모르고 있었다.

새엄마는 나한테 오빠에게 아침을 차려주라고 하였고 오빠 교복은 물론 새엄마옷까지 손빨래를 시키며 본인은 거실에누워 자는 것이었다. 오빠한테는 잘해 주고 나는 그냥 거슬리고 미웠던 것 같다. 나는 하루하루가 곤욕스러웠다. 중학교1학년때도 새엄마의 학대는 계속되었다. 나는 학교에 가려고 나설때가 제일 행복했다. 새엄마는 묶은머리를 자르고 가위를 집어던져 이마가 찢어지고 눕혀놓고 발로 밟아서 갈비뼈에 실금이 간적도 있다.

어느날 새엄마는 나를 꼴보기 싫다며 방에서 한발짝도 나오지 말라고 했다. 방에서 혼자 두려움에 떨고 있던중 밥주기 싫으니 공부방(일명 지역아동센터)에서 밥먹고 오라고 하여서 공부방에 동생 핸드폰을 빌려 학교 상담선생님께 전화해서 쉼터로 가게되었다. 한달이 넘어서 아빠에게서 연락이 왔다. 새엄마가 두번 다시 안 그런다고 말해서 다시 집으로 돌아갔지만 새엄마의 폭언과 폭행은 여전했다. 나만 없어지면 집안이 조용하고 행복해질것이라는 생각을 하고 살았다. 그러다가 더 이상 못참고 힘에 겨워 아보전 선생님께 말씀드려서 다시 쉼터로 가게되었는데 가족들은 아빠 속썩이지 말고 집에들어오라고 비난하며 나를 이해해주지 않았다. 중2때 5월에 다시 시설에 가게되었고 그곳에서의 생활은 녹록치 않았다. 시설장은 나를 안받으려 했는데 받았다고 끝임없이 얘기하여서 상처를 받았다. 시설장은 나의 물건을 말도 없이 버리거나 동생들에게 나눠주기도 하였다. 구두나 샌들, 짧은치마, 래깅스등이 어른스럽다는게 이유였다.

시설장은 강제적이고 통제가 심했다. 나를 유독 문제아로 취급했다. 나 때문에 다른 애들도 물든다고 악의 근원이라는 말까지 들었다.

나는 학교에서도 친구들과 정상적으로 어울릴 수가 없었다. 내가 2학년 때 동아리 부장이 되었는데 휴대 전화가 없어 다른 아이들에게 연락을 할 수 없어서 제대로 부장 역할을 못했다. 시설장은 동아리 부장도 하지 말라고 했고 외부 활동 나가는 것도 못하게 했다. 대체로 다른 애들은 시설장 말을 잘 들었다. 어느 보호자도 관여하지 않았고 그 안에서의 일은 아무도 모른다.

　　나는 학교에 있는 시간이 더 나았다. 도서관에서 책도 보고 대부분은 상담 샘한테 가서 하소연하는 것으로 시간을 보냈다. 그 당시 진로 상담부 샘들의 따가운 시선에도 불구하고 그래도 갈 수밖에 없었다.

　　사실 그 당시 '빨리 지구 종말이 왔으면 내 삶이 끝났으면 좋겠다'하고 죽는 사람이 부러웠고 하루하루 죽음을 붙잡고 몸부림쳤다.

　　나는 거의 쉬는시간마다 상담실을 갔으니 지금 생각하면 상담 샘도 나의 죽상이 된 얼굴에 끝없는 푸념 듣는 것이 지칠 만도 하셨을 게다.

　　나는 고등학교를 졸업하고 자립할 수 있게 시에서 임대 주택과 생활비를 지원해 주었다. 처음으로 난 자유를 찾았고 주체적인 삶을 살게 되었다. 대학교 다니며 알바를 하며 살았다. 지금은 남자 친구도 만나서 생전 처음 사람 대접을 받는 것 같다. 이 세상 태어나 가장 행복한 시간이었다. 샘, 학교 때 샘이 계셔서 지금 내가 살고 있는 거 아시죠? 감사해요.

가슴에 돌덩이 하나 안고 살아온 민주(고1 여)

● **집이 언제 파토날까 봐 무서워요.**

민주는 초등학교 4학년 때부터 자살 생각을 하며 살았다고 했다.

민주는 상담실에 처음 왔을 때부터 자살 생각을 서슴없이 얘기하였고 가장 걱정되는 것은 집이 언제 파토날까 봐 무섭다고 했다. 엄마 아빠가 싸우다가 한 명이 쓰러질 것 같아 부모님이 매일 싸우는 게 민주는 늘 불안했다. 그럴 거면 차라리 이혼을 하지 왜 힘들게 사는지 의문이라고 했다. 중학교 때 노트에 죽고 싶다고 써 놓은 글을 엄마가 보고 그럴 거면 차라리 나가 죽으라고 해서 엄청난 충격을 받았다고 했다.

부모님이 싸울 때 엄마가 일방적으로 맞는 것 같고 아빠가 상 뒤집어 엎고 뭐가 날아가고 하는데 자신은 모른 척하고 그냥 떨고만 있었다고 했다. 학생 정서 행동 특성 검사에서 관심군 우선으로 나타났다. 심층 면담 기록지에 자살 생각은 물론 자살 시도까지 해보았다고 했다. 문제 상황란에는 부모님과의 갈등, 성폭력, 성학대와 자살 충동에 체크하였다.

죽고 싶은 이유는 자신이 살아 있는 그 자체가 싫어서라고 했다. 자살 면담 결과는 위험을 넘어 응급 상황으로 나타났다. 나는 이런 상황을 담임 교사에게 알렸고 담임이 부모님께 연락을 하였지만 부모님은 화를 내시며 완강히 거부하고 학교에 오지 않았다.

● 점점 진도가 나가고….

1학년 여름 방학식날 날아갈 것같이 한껏 들뜬 아이들이 썰물처럼 빠져나간 교정은 조용했다. 그러나 교사들은 학기 말 마무리 업무로 매우 바쁘다. 이런 적막함을 깨고 민주가 고개를 갸우뚱하며 머뭇거리다 상담실로 들어왔다.

민주는 한 학기 내내 상담을 하였던 아이다. 부모님의 불화와 학교생활에서의 친구 문제 등을 주로 얘기했고 아버지에 대한 무서움도 얘기했다. 그 무서운 게 폭력적인 게 아니고 다른 면이라고 했다. 생각만 해도 소름이 돋는다고 했다.

아빠는 공포 영화를 보는 것처럼 가끔 무섭게 한다고 하였다.

민주는 그날도 특별한 일은 없는데 그냥 하고 싶은 얘기가 있어서 왔다고 했다. 상담실 오기 전에는 말할 수 있을 것 같았는데 말을 했다가는 더 커지면 어쩌나 싶어서 망설여진다고 했다. 한참 침묵이 흐르고 숨소리만 거칠어졌다. 나는 힘들어하는 민주에게 "샘이 어떻게 도와주면 좋을까?" 했더니 민주는 도움이 필요하기보다 그냥 말을 들어주면 좋겠다고 했다. 민주는 눈물을 글썽이며 손을 계속 만지작거리기만 했다. "어휴" 하며 한숨을 쉬더니 멋쩍게 웃으며 얼굴을 가렸다.

그날 민주가 한 말은 나를 당혹스럽게 했다. 내가 짐작했던 일이 아주 또렷이 밝혀지는 순간이었다.

중2 때부터 아빠의 스킨십이 있었는데 점점 진도가 나가고 빈도가 잦아지고 엄마가 없을 때 또는 새벽에 민주 방에 와서 그런 일을 벌였다고 했다. 그 당시 심정을 문자 말로 표현할 수 없다고 했다. 그때는 어려서 그냥 그런가 보다 했는데 중3 때 성교육 받고 잘못된 것을 알았다고 했다. 중3 때 다행히 아빠와 같이 안 살아서 해방이다 싶었는데 고1 때 다시 같이 살게 되었고 여전히 스킨십이 있었다.

민주는 단호하게 안 된다고 거절하였고 아빠에게 다시 그러면 경찰에 신고하거나 죽어버릴 거라고 했다고 한다.

나는 이날 민주와 상담하고 난 후 감정이 어떤지 묻자 몇 년 묵은 속에 있던 덩어리가 쑥 빠져나간 느낌이라고 했다. 민주 표현에 의하면 딱 말하고 나서 개운한 느낌이고 답답한 게 사라져서 마음이 가벼워졌다고 했다. 이 말에 나도 그동안 쌓인 의문점들이 풀려서 시원하기도 했지만 이걸 어떻게 풀어가야 할까 고민되기 시작했다. 민주가 걱정되는 것은 엄마가 이 사실을 알면 매우 힘들어할 것이라는 점이었다. 그동안 아무한테도 말할 수 없고 답답했을 아이를 생각하니 나도 가슴이 먹먹해졌다.

민주가 처한 상황은 아동 학대(성 학대)로 그것을 인지한 교사는 바로 신고를 하게 되어 있다. 그런데 민주는 가정이 파탄나고 아빠가 죽든지 자신이 죽든지 해야 한다고 절대 비밀로 해달라고 사정했다. 상담 윤리 비밀 유지 조항의 예외 사항에 대한 얘기를 하였더니 민주는 불안해했다.

나는 우선 교감 선생님과 담임 교사에게 이 상황을 알렸고 담임 교사가 어머니에게 상담 요청을 했다.

어머니가 상담실에 왔는데 대뜸 화부터 냈다. "우리 애가 성격이 문제예요. 뭐 땜에 죽으려고 하는지 도대체 이해가 안 가요. 상담실에 와서 무슨 얘기를 하던가요? 그애 아버지가 민주를 얼마나 예뻐하는데요". 라며 불쾌해했다. 나는 어머니의 심정을 공감해 주며 입을 열었다. "어머니 많이 힘드시죠?" 하니까 그렇게 강해 보이던 어머니가 눈물을 흘렸다.

어머니는 남편 때문에 힘든 점을 얘기하였고 진정이 되었을 때 나는 민주에 대한 얘기를 꺼냈다. 초등학교 때 합창부에서 있었던 성추행 일을 말하자 어머니는 그건 알고 있다고 하며 민주는 피해당하지 않았다고 단호하게 선을 그었다. 사실 그때도 민주가 힘들었다고 말하자 극구 부정하였다. 나는 아버지와 민주 문제는 차마 꺼내지 못했다.

민주 부모님은 1학년 말에 이혼하였고 민주는 이래도 힘들고 저래도 힘들다고 하였다.

● 그냥 이 세상에서 없어지고 싶어요.

2학년 1학기 말 2차 지필고사 기간에 민주는 결국 극단적인 선택을 하게 된다. 평소에 친하게 지내던 비슷한 처지의 힘든 친구와 함께 죽음을 결심하였다.

한강대교에서 그 친구와 같이 자살 시도를 하였는데 시민의 제보를 받고 출동한 경찰에 의해 구출되었다. 경찰에서 먼저 아이들을 조사한 후 아동 보호 전문 기관에서 상담하였다. 그 후 민주는 부모와 격리되어 쉼터로 가게 되었다. 내가 복도에서 민주를 만났을 때 어떻게 지내는지 물으면 "좋아요." 하고 한층 밝아진 표정을 지었다. 집에 있는 것보다 더 좋다고 했다. 쉼터에서 2주 후에 그룹홈 시설로 보내지고 한 학기를 그곳에서 지내고 민주는 다시 집으로 돌아갔다.

마음 들여다보기 심리 검사 & 심리 상태

① 나무 그림 검사

새까맣게 죽은 나무를 아주 작게 오른쪽 아래 구석에 그렸다. 초등학교 때부터 겪었던 성적 학대를 아무에게도 말하지 못하는 심정으로 속이 까맣게 타들어간 것으로 보인다. 나무는 곧 자신을 의미하는데 피어보지도 못하고 죽어버린 상태를 보며 애처로움이 느껴졌다.

② 인물화 검사

사람이 손을 뒤로 한 것은 죄책감을 의미한다. 아무 잘못도 없이 죄책감을 느꼈을 민주는 거의 5년을 혼자 견뎌왔다.

③ 스트레스 검사(PITR)

국소적으로 비가 내리고 있고 우산은 접힌 채로 옆에 세워 놓고 비를 맞고 있다. 자신은 비 맞는 걸 좋아해서 그랬다고 한다. 스트레스 대처 방법을 찾으려고 우산을 생각하긴 했는데 아마도 비를 막을 수 없다고 생각하여 무의식 속에서 포기한 것으로 보였다. 큰 물웅덩이와 먹구름도 가산점이 된다.

④ 문장 완성 검사(SCT)

◑ 어린 시절의 기억은 – 안개이고 ◑ 바꾸고 싶은 것은 – 내 기억이고 ◑
하고 싶은 것은 – 혼자 여행 가는 것이며 ◑ 부모님은 – 무서운 사람이다.
◑ 잊어버리고 싶은 것은 – 중2 초반의 기억이고 ◑ 가장 자신 있는 것은 –
소설책 읽는 것이라고 했다.

(a) 나무 그림 검사

(b) 인물화

(c) 스트레스 검사

We e 클래스
우리가 희망이다! **도움주기**

① 안전지대로 인식하기

나는 민주에게 상담실은 편안하고 안전한 장소로 인식할 수 있도록 분
위기를 만들어 주었다.

민주가 처음에 심층 면담 기록지의 문제 상황에 성적 학대로 체크했
을 때 좀 더 깊이 접근하려 했지만 이는 예민한 부분이고 민주가 얘기하
기 힘들어서 기다려 주었다. 3개월 동안은 상담실이 편안하고 안전하

다고 느낄 수 있게 분위기를 만들어 주고 이야기를 잘 들어 주었다. 결국 학기가 끝날 무렵 정말 마음속 깊은 곳에 있던 돌덩어리 얘기를 털어놓았다.

② 성적 자기 결정권 이해하기

나는 민주에게 성적 행동의 한계를 스스로 정하고 자신의 의사 표시를 분명히 할 것을 말해 주었다. 민주에게 "싫어요, 절대로 안 돼요."처럼 단호하게 말하고 거절하게 했다. 민주는 그동안 그런 것을 알면서 적극적으로 대처하지 못한 점을 후회하였다. 나는 민주에게 너무 자책하지 말라고 했다. 그때는 민주가 너무 어리고 불가항력적인 상황이어서 어쩔 수 없었을 것이라고 했다.

민주는 아버지가 또다시 그런 성적 학대를 하면 경찰에 신고하겠다고 다짐했다. 그 후로 민주 아버지는 그런 짓을 하지 않았다고 했다.

③ 위기 상황에서 바로 소통하기

민주의 위기 상황에 대한 세심한 관심이 필요했다.

민주는 밤에 가끔 "쌤 내일 상담해도 돼요?" 하고 문자를 보내왔는데 정작 그 다음 날에는 오지 않았다. 감정은 그렇게 흘러간다. 그래서 나는 그런 문자가 왔을 때 바로 알아차린다. '지금 이 순간이 힘들겠구나' 하고 바로 통화를 시도한다.

나는 민주가 위급할 때 언제든지 연락하라고 통로를 열어 놓았다. 초등학교 때부터 억압해 온 감정들을 쏟아낼 수 있게 하였다. 미술 치료의 분노 표출 프로그램을 적용해 보았지만 민주는 따라 할 여력이 없었다.

부모에 대한 무서움과 불안을 다루는 것 또한 쉽지 않았다. 그 끔찍한 상황을 직면하는 것은 고통스러운 일이다.

몸과 마음이 만신창이가 되어 내일이 올 수 없다고 생각하는 민주에게 "네 잘못이 아니야, 내일은 또다시 밝은 햇살이 떠오를 거야."라고 말했다. 그리고 "삶이 가끔은 회색빛이 섞여도 괜찮아." 쌤은 힘들 때 이런 말이 위로가 되더라고 했다.(≪당신이 옳다≫의 정혜신 정신과 의사)

④ 강점 찾아주기

민주는 창문에 있다가도 뛰어내리고 싶다며 수시로 죽음을 생각했다. 그럼에도 불구하고 겉으로는 늘 웃고 다녔다.

민주는 까무잡잡한 얼굴에 작은 눈을 가진 아이였는데 가장 사랑하는 것이 자신의 눈이라고 하며 "거 참 이쁘게 생겼네." 하며 히히 웃었다. 순간 나도 모르게 "너 참 대단하다. 어디서 그런 긍정의 에너지가 나오니? 했더니 민주는 자신이 원래 긍정의 파워가 있는데 하도 시달려서 그런 거라고 했다. 참 가슴이 아려 오는 말이었다.

민주는 책을 많이 읽었다. 도서관에서 살다시피 했는데 읽은 책의 줄거리를 이야기했다. 나는 같이 호응해 주며 지적인 호기심을 칭찬해 주었다. 민주는 그 순간만은 평온한 느낌이었다.

⑤ 미투 운동에 동참한 민주를 위해 유관 기관에 협조하기

민주는 미투 운동이 한창일 때 아버지를 경찰에 신고했다. 경찰은 이 사실을 민주가 처음으로 말한 사람이 상담 쌤이라고 해서 나를 찾아왔다고 했다. 민주 아버지가 그 사실을 인정하지 않는 것이었다.

이중으로 아이를 상처 주는 것만 같아서 속상했다. 나는 적극적으로 협조하였다. 나는 학교 관리자분들과 상의하여 해당 부분에 대한 자료를 보여 주었고 아이의 심정을 아주 잘 표현한 그림 검사도 보여 주었다.

몇 달이 지난 후에 검찰에서도 연락이 왔다. 끝까지 아버지가 성폭행 사실을 부인한다고 했다. 나는 상담록을 근거로 검찰의 의문점에 대한 부분에 대해서 자료를 충분히 제시하였다. 나의 세세한 상담록이 중대한 사건의 판결에 중요한 실마리를 제공한 것 같아서 뿌듯함을 느꼈다. 나는 경찰이 다녀간 후에 교실로 민주를 찾아가서 조용히 불렀다. 민주가 용기 내어 경찰에 신고한 것은 잘한 일이라고 지지해 주고 내가 적극 협조해 주겠다고 약속했다.

카운슬링 팁

트라우마 극복하기

남모를 아픔 속에서도 웃음을 잃지 않으려고 애써 밝은 척하고 다니던 민주는 억압된 소망을 정반대의 것으로 차단해 버린 반동 형성이라는 방어기제를 사용했던 것입니다.

수없이 번민하고 아파했을 시간을 잘 견디며 살아냈다고 이제는 자신을 안아 주고 토닥여 주어야 합니다. 죽음의 공포가 훅 들어오는 그 트라우마를 극복하려면 힘들지만 과거의 감정을 표출해서 떠나보내는 과정이 있어야 합니다. 대면하지는 못하지만 상처를 준 사람에게 편지를 써 보세요. 꼭 보낼 필요는 없어요. 갈기갈기 찢어서 휴지통에 던져 버리세요. 그 의미는 상대방의 잘못을 용서하고 과거에서 현재의 나로 초점을 맞추는 것입니다. 그리고 행복한 것에 집중하는 일입니다. 때론 심리 치료도 필요합니다.

그 후로 웬일인지 민주는 나를 피했다. 민주가 그렇게 모든 걸 털어놓고 불편했을 심정이 이해는 되지만 민주의 변해 버린 태도에 서운했다. 그래도 나는 일방적으로 늘 반갑게 인사를 건넸다. 졸업식 전날에도 민주를 찾아가 작은 선물을 건네며 축하해 주었다. 진심으로 학교 밖 세상에서 자유롭게 꿈을 펼치기를 염원했다. 민주는 고3 때 열심히 공부하여 대학교 간호학과에 입학하였다.

아동 학대에 대한 상담을 하다 보면 늘 답답하고 한계에 부딪히게 된다. 민주의 경우도 마찬가지로 내가 가정 파괴범이 되는 듯한 개운하지 않은 기분이 들었다.

또 다른 사례를 소개하면 오빠한테 성폭행을 당하고 부모한테 이 사실을 말했을 때 가족들은 이 사실을 은폐하려 하였다. 오히려 가해자인 아들을 보호하였다.

오빠 인생을 봐서 참으라고 하는 어이없는 말을 듣고 아이는 한가닥 실마리조차 잃어버리고 결정적으로 무너지게 된다. 폭행당한 사실도 감당하기 힘든데 그보다 자기를 이해해 주지 않는 가족들의 반응에 더욱 고통을 겪게 된다. 그렇게 2차 피해를 입게 되고 치유되지 않은 채 살아가게 된다. 적어도 이런 사실을 가족이나 사회에 노출했을 때 비난받는 일은 없어야겠다.

■ 트라우마(PTSD: 외상 후 스트레스 증후군)

스트레스의 근원은 죽음 각인이다. 트라우마는 죽음에 대한 공포가 훅 들어오는 것이라고 한다. 두려움 없는 사람은 생존할 수 없다.

(≪당신이 옳다≫의 정신과 의사 정혜신)

외상 후 스트레스의 주된 증상은 충격적인 사건의 재경험과 이와 관련된 상황 및 자극에서 회피하는 행동을 보이는 것이다. 해리 현상이나 공황 발작을 경험할 수도 있고 환청이 올 수도 있다.

연관 증상으로는 공격적 성향, 충동 조절 장애, 우울증 등이 나타나고 집중력 및 기억력 저하 등 인지 기능의 문제가 나타날 수 있다. 치료는 정서적 지지를 해주고 해당 사건에 대해 함께 이야기를 나누고 용기를 북돋아 주는 것이다. 이 상황을 잘 이겨낼 수 있도록 이완 요법과 약물 치료나 정신 치료 요법이 사용된다. 정신 역동 치료와 행동 치료, 인지 치료 등의 심리 치료 요법이 활용된다.(서울대병원 의학 정보)

Part 5 학교생활 부적응, 질풍노도의 긴 터널 지나기

학교 밖 세상에서 날개를 펼치고 싶어요.

그래 잠시 흔들려도 괜찮아.
너희들은 아직 인생을 배우는 중이잖아.

폭행과 교권 침해 등 품행 장애 현성이(고2 남)

현성이는 중학생 때도 폭력과 절도로 기소 유예 처분과 소년 보호 재판(19세 미만의 비행이나 범죄와 관련한 재판)을 받은 이력이 있다. 이번에는 약물 복용으로 1년간 보호 처분이 내려졌다.

현성이는 고1 때 친구들과 산에서 봉지에 래커를 넣어 흡입하였다. 래커를 흡입하면 처음에는 술에 취한 기분이었다가 나중에는 환각 상태가 된다고 한다. 몽롱한 상태로 계속 즐기고 있었는데 같이 흡입하였던 아이의 친구 형이 그것을 발견하고 신고하였다. 현성이는 이미 흡연과 폭행으로 선도위원회 (학생생활 교육위원회 이전 명칭)에 회부된 적이 있었다. 부모님은 약물에 대해서는 엄격하게 대처하고 항상 냄새를 확인하였지만 술이나 담배는 어느 정도 허용 하였다.

3월에 처음 만난 현성이의 태도는 당당하며 거만해 보이기까지 했다. 삐딱하게 앉아 있는 모습이나 눈빛은 "너 하려면 해봐라 다 들어 주마." 하는 반항아 그 자체였다.

현성이는 처음에는 상담에 저항이 심했으나 보호 관찰소에서 교육받는 것보다 훨씬 좋다고 신나서 상담실에 오곤 했다. 나중에는 자신의 꿈과 미래에 대한 얘기도 서슴없이 하였다.

현성이는 중1 때까지 축구선수로 활동하였고 지금은 배우가 꿈이라고 한다. 학원은 가지 않고 혼자 거울 보고 연습한다고 하며 악역을 하고 싶다고 했다. 배우가 되기 위해 격투기, 주짓수, 킥복싱 무에타이 등을 배우고 있다. 아버지는 맏아들인 현성이에게 기대를 많이 했는데 중학교 때부터 비행이 시작되자 매를 들고 엄하게 교육했다.

아버지의 강압적인 교육 방식에 사춘기 아들은 더욱 반항적으로 나갔다. 여기에 어머니의 무한 사랑 자식 감싸기를 악용하여 현성이는 반복적으로 비행을 감행하였고 학교에서도 불성실한 태도로 품행 장애가 의심되었다.

● 선도위원회, 특별교육, 교권침해

현성이는 5월에 흡연으로 선도위원회에 2회째 회부되었고 수업 태도 불성실로 인해 일주일간 꿈키움센터에서 특별 교육을 받았다.

8월 수업 시간에 교사 지시 불이행으로 선도위원회와 교권보호 위원회에 회부되었으며 그 결과 퇴학 처분이 내려졌다. 부모님은 도교육청에 재심을 청구하였다. 그 사건은 수업 시간에 담배가 발각되어 교사가 담배를 빼앗아 교탁에 올려놓았는데 현성이는 그것을 허락도 없이 가져갔으며 교사에게 심한 욕설까지 하였던 것이다.

이 일로 교사는 상처를 입었으며 평소 수업 시간에 장난치고 돌아다니고 교사에게 반항하는 현성이를 다른 교사들도 퇴학이 정당하다고 했다.

그러나 도교육청에서 재심 결과는 달랐다. 무효 처분이 내려졌다. 교사들은 망연자실하였고 현성이는 더욱 의기양양하는 계기가 되었다.

마음 들여다보기
심리 검사 & 심리 상태

① 스트레스 검사(PITR)

빗줄기를 약한 것으로 보아 스트레스는 거의 없는 상태로 보인다. 반면에 우산을 크게 그린 것은 스트레스를 대처하는 데 많은 에너지를 소모하는 것을 뜻한다. 사람은 기분 좋은 상태라고 웃는 모습을 그렸다.

② 집, 나무 사람 검사 (HTP)

집은 삭막한 아파트를 그렸고 집에 들어가기 싫다고 하였다. 나무는 오른쪽 아래 가장자리에 그렸다. 나무 기둥에 그려진 옹이는 트라우마를 의미한다. 사람은 애들하고 늦게까지 놀다가 혼날까 봐 불안한 모습이라고 했다. 사람의 크기가 작은 것에서 위축된 상황에 있음을 알 수 있다.

③ 성격 유형 검사(MBTI: ESFP)

운동을 좋아하고 분위기 메이커이며 낙천적인 성격이다. 자유로운 영혼이며 사교적이다. 다소 무계획적이고 충동적이다. 지나친 규율을 싫어하고 진지함이 결여되기도 한다.

④ 9분할법

왼쪽 위부터 시계 방향으로 지금 떠오르는 생각을 적었는데 노는 것, 돈으로 시작해서 마지막에 행복을 썼다. 1번이 의식 세계이면 9번은 무의식 세계로 좀 더 깊은 내면을 알 수 있다.

(a) 스트레스 검사

(b) HTP

(c) 9분할법

We ^e 클래스
우리가 희망이다! **도움주기**

매년 학기 초에 보호 관찰 대상자에 대한 공문이 내려온다. 그 아이들은 보호 관찰 기간 동안 매달 1회 보호 관찰소에 가서 교육을 받아야 한다.

그런데 학교에서 상담을 하면 보호 관찰소에 가지 않아도 된다. 내가 근무하던 학교에도 3명의 보호 관찰 대상자가 있었다. 교사와 학생 1:1 멘토링 상담을 한다.

멘토링 교사는 법무부 소속 법사랑 위원으로 접속하여 상담 결과를 매월 보고한다. 상담 내용에는 교내 생활과 학교 밖 청소년들과 어울리는 상황도 면밀히 관찰하고 변동 사항과 재범 가능성 여부도 적게 되어 있다.

① 한끼 상담

방과 후나 시험 기간에 학교 앞에서 보호 관찰 대상 학생들과 함께 맛있는 것을 먹는다. 아이들이 좋아하는 분식이나 치킨 등을 먹으며 자연스럽게 이야기꽃을 피운다.

우리는 '한끼 상담'이라고 하며 힐링의 시간을 가졌다. 음식을 먹으면서 자유롭게 이야기하는 동안 자신들의 행동에 대한 이야기도 자연스럽게 하게 된다. 나는 보호 관찰 대상자들에게 어떤 지도나 상담보다 무언의 관심이 더욱 효과적임을 알았다.

나는 가끔 그 아이들에게 책도 사 주고 혼자 지내는 아이에게는 반찬을 만들어 주었다. 그렇게 할 수 있었던 것은 소정의 멘토링비가 지급되었기 때문이다..

졸업 때는 보호 관찰 대상 아이들과 멘토 교사들이 다 같이 모여 아이들이 좋아하는 닭갈비 식당에서 해단식을 가졌다. 사회로 나가는 힘찬 첫걸음을 응원하며 상품권을 선물로 주고 훈훈한 마무리를 하였다. 진심으로 사회의 일원이 되어 잘 살아가길 기원했다. 그중에는 착실하여 4년제 대학 경호학과에 입학한 아이도 있었다.

② 공감 능력 기르기

교사들은 수업 중에 현성이의 거친 말투와 행동에 많이 상처받았고 힘들어했다. 나는 현성이에게 부족한 공감 능력을 향상시키기 위해 역지사지를 생각해 보게 하였다. 공감 대화 카드와 가치관 카드를 이용하여 자신의 감정과 타인의 감정을 이해하는 시간을 가져 보았다. 그러나 현성이는 잘 따라 주지 않았고 지루해하였다. 나는 현성이가 전두엽이 아직 발달되지 않아 다른 아이보다 E.Q(공감 지수)가 떨어지는 것으로 판단했다.

교사들은 현성이의 불손한 태도와 반성의 기미가 보이지 않는 행동에 포기하고 싶은 지경에 이르렀다. 사실 현성이의 그런 모습은 쉽게 변화되지 않았다. 나는 현성이의 억압된 감정을 털어놓을 수 있게 하였다. 현성이는 마치 피해자인 듯 "샘들이 자기만 미워한다."고 억울하다고 하소연을 했다. 그래도 상담실에서만은 자신의 얘기를 편견 없이 들어주는 나에게 고분고분하고 협조적이었다. 나중에는 공감 대화 말풍선 그림에도 제법 위로의 말을 써 주었다.

애플데이 행사 기간에 현성이와 나는 편지를 주고 받았는데 "나는 이렇게 많이 썼는데 샘은 이게 뭐예요?" 라며 나에게 애교 섞인 핀잔을 주었다. 거기에는 나에 대한 감사의 표현과 앞으로 학교생활을 잘하겠다는 말도 써주었다. 참 대견하게 느꼈다.

③ 학급에서 체크리스트 만들기

교과 교사가 현성이의 수업 태도에 대한 평가를 실시하였다. 반 아이들 전체를 대상으로 실시하여 현성이 혼자만 평가하는 부담을 줄였다.

수업 시간에 엎드려 있거나 떠들고 교사 지시에 불이행할 경우 수업 태도를 5단계로 평점하고 문제 행동을 기록하게 하였다. 결과는 조금 좋아지긴 했으나 그것도 오래가지 못했다. 현성이는 선도위원회가 2회 이상이고 수업 태도 점수가 낮아 결국 특별 교육을 가게 되었다.

암벽 등반, 도자기 체험, 성교육 등 오전 9시부터 오후 5시까지 빡빡한 일정의 교육인데 힘들었지만 좋았다고 하며 자신이 많이 변했다고 말하였다.

④ 학교에서 에너지 발산하기

수업에 흥미가 없는 현성이는 점심시간에 친구들과 축구를 하였는데 체육 교사가 고맙게도 합세하여 도와주었다. 그 교사는 현성이의 학교생활 문제점을 잘 알고 있었으므로 함께 어울려 분위기를 한층 돋우어 주었다. 현성이는 수업 중에 늘 교사들에게 야단만 맞다가 누군가에게 존중받는 느낌을 받았다고 했다. 운동으로 스트레스를 풀고 한층 밝아진 모습이었다. 현성이는 ESFP로 운동을 좋아했다.

⑤ 잠재력 믿어주기

현성이의 강점은 긍정적이고 여유가 있다는 것이다. 나는 지금의 위기를 기회로 삼아 잘 성장하기를 바라며 현성이의 잠재력을 믿어 주었다. 그래서 문제 행동에 대한 얘기는 되도록 하지 않았다. 재심 청구를 하였을 때 학교에서 답변서를 제출하였다.

그 당시 상담 교사 의견을 쓸 때 나는 교권 침해 등 문제 행동과 심리 검사 등 상담 내용을 적고 아직 청소년이므로 무한한 가능성과 잠재력을 믿는다고 썼으나 학교에서는 나의 마지막 부분 의견은 수정하였다. 청소년 시기의 품행 장애는 어른이 되면 반사회적인 성격으로 갈 수도 있으므로 매우 세심한 지도가 필요하다. 현성이의 이런 문제 행동이 사춘기 과정의 일시적인 현상일 것으로 믿고 싶었다.

카운슬링 팁

질풍노도 시기에 잠시 흔들림

품행 장애란 10대들의 괜한 허세와 서툰 몸짓이라고 말하고 싶습니다.
제2의 현성이를 만나면 이렇게 도와주세요.
감정을 적절하게 표현하는 방법, 사회적으로 용인되는 방법을 알려 주세요. 정중하게 이의를 제기하는 방법과 공손하게 행동하는 것도 알려 주세요. 문제 행동을 지적하기보다 차분하게 직면시키고 '나 전달법'도 알려 주세요.
그때 잠시 흔들렸던 것뿐이고 아직 인생을 배우고 있는 중이라 그랬을 것입니다.

상담 후기

내가 현성이를 지속적으로 상담하였지만 며칠 못 가서 사고를 쳤다. 내가 믿고 기다려 주는 내담자가 변화되지 않고 연신 나를 실망시킬 때 나도 그동안 기울인 노력이 참으로 허망해진다. 현성이는 졸업할 때까지 결석과 조퇴가 잦았고 학업에 흥미가 없고 학교생활은 잘 적응하지 못하였다. 그러나 고3 때 거친 행동은 많이 줄었다. 교사에 대한 반항도 많이 없어졌다. 가장 중요한 건 역시 가정과 사회에서 끊임없는 관심과 지도를 기울이는 것이라고 확신한다.

심리학 노트

▨ 품행 장애

자신의 나이에서 지켜야 할 사회적인 규범을 어기는 학생들과 다른 사람들의 권리를 침범하는 행동을 지속적으로 하는 학생들은 품행 장애를 나타낸다. 품행 장애는 학령전기나 청소년기에 특히 빈발한다. 도시에서 주로 나타나는데 품행 장애 학생의 부친이 반사회적 성격 장애가 있을 수 있고 가족력이 위험 인자가 될 수도 있다.

■ 사법형 그룹홈(대안 가정)

천종호 판사는 사법형 그룹홈이 소년원에서 출소한 청소년들을 가정에서 돌보는 제도로 비행 청소년들의 재범이 많이 줄었다고 한다(출소 후 6개월까지 60~70%에서 0%로 감소).

소년원이 지금도 부족한 상태이고 비용도 70억 원 가까이 든다고 하는데 그것도 혐오 시설이라고 주민들이 반대하여 늘리기도 힘든 실정이다. 그래서 현실적인 대안을 생각한 것이 위탁 가정이다. 대안 가정에서 부모 역할을 하는 것인데 인성 교육으로 극기 산행이나 도보 여행, 축구단 등을 만들어 1:1 멘토링으로 운영한다.

이런 제도를 제안한 천종호 판사의 말이 인상적이다.

"인간의 숲은 자연의 숲처럼 간벌이 안 되고 같이 살아야 한다. 우리 아이 잘 키우는 것도 중요하지만 주위 환경을 잘 만들어주는 것도 중요하다."

학교 밖 세상을 꿈꾸며 대안 학교로 간 지원이(고1 여)

지원이는 1학년 학기 초에 친구 관계의 어려움이 있어 학교 오는 게 지옥 같다고 하며 3층에서 뛰어내릴까 생각하기도 했다. 처음에는 지원이도 친구 그룹이 있었다.

지원이가 속한 또래 집단에 처음에 5명이 있었는데 3명이 되었다가 다시 5명이 되었다. 그중에 2명이 지원이에게 냉랭하게 대하는 바람에 지원이는 아무 잘못이 없는 데도 그 애들 눈치를 보게 되었고 그러다가 혼자가 되었다. 대부분 홀수인 경우는 파탄이 나기가 쉽다. 그 그룹에서 따가 될까 봐 미리 한 명을 밀치는 경우도 있다.

남자애들까지도 지원이를 멀리하고 외톨이가 되었다. 여자애들의 따돌림의 패턴은 늘 이렇게 별일 아닌 것으로 시작된다. 지원이는 그러면서 아픈 날이 많아지고 기흉이 의심되는 가슴 통증도 호소했다. 점점 질병 결석과 조퇴도 잦아지고 나중에는 미인정 결석도 하게 되어 출결이 불안정했다. 그래서 자퇴하고 싶다고 했다.

지원이는 쉬는 시간에는 딱히 눈길 줄 데가 없어 엎드려 있었다. 혼자인 아이들은 차라리 수업 시간이 편하다고 한다. 그것도 모둠 활동이 아닐 때 말이다. 점심은 혼자 먹을 수가 없어 거의 굶고 다른 반에 가서 친구를 만나거나 주변을 겉돌게 된다. 반에서 아이들은 지원이가 쳐다보는 것도 째려보는 것 같다고 수군거린다.

담임 교사는 지원이가 원하는 대로 창가 쪽 맨 앞자리로 자리를 배치해 줘서 그나마 애들 눈치 안 보게 되어 조금 낫다고 했다. 그 후에 남자 친구가 생겨서 잘 지내는 것 같았는데 얼마 못 가서 헤어지게 되었다. 다른 남자 친구를 만났는데 공교롭게도 예전에 전 남친한테 보낸 오해할 만한 사진을 새 남자 친구가 보게 되었다. 그것을 본 남친은 몸 파는 아이로 소문을 퍼뜨려서 결국 지원이는 엄청난 상처를 받았다. 그로 인해 지원이는 학교에 나오지 않았고 가출을 하게 되었다.

아이들은 쉽게 남친, 여친을 만들고 쉽게 헤어지고 바로 새로 만난다. 그리고 아이들은 몸 파는 아이라는 치명적인 말로 따돌림을 시킨다. 그 일로 지원이는 2학기에는 학교를 거의 나오지 않았고 자퇴를 결심하였다.

마음 들여다보기 심리 검사 & 심리 상태

① 스트레스 검사(PITR)

잔잔한 빗줄기를 많이 그린 것으로 보아 스트레스 상황에 노출되어 있음을 알 수 있다. 밤이라고 하며 개칠한 것은 갈등 상황을 의미한다.

위에 지붕이 있는 상황에서 사람이 우산을 앞으로 하고 비스듬히 비를 가리고 있다. 스트레스에 단단히 대처하려고 하는 모습이다. 사람의 눈과 코와 입이 생략된 것은 대인 관계의 어려움을 의미한다.

② 성격 유형 검사(MBTI: ISFP)

성인군자형으로 양털처럼 따뜻하고 온순한 형이지만 겉으로는 잘 표현되지 않는다. 순발력이 있고 여성스러우며 실제적인 도움을 주는 형이다.

③ 자아 검사(Ego Gram)

전체적으로 낮은 점수이고 CP가 5점으로 가장 낮았다. 가장 높은 AC도 20점이다. 비판적 어버이 자아(CP)가 낮은 아이는 관용적으로 절제를 잘 못하고 자신과 타인에게 도덕성이나 가치관을 강요하지 않는다.

④ 집, 나무, 사람 검사(HTP)

집은 단순한 사각형으로 그렸고 집안 분위기는 조용하다고 했다. 그 집에는 엄마와 자신이 살고 있다고 하였다. 창이나 문은 소통을 의미하는데 그리지 않았다. 외부 사람들과의 교류가 대체로 없는 집이다.

나무는 집안에서 지붕을 뚫고 나오는 모습을 그렸다. 기둥이 굵고 반듯하여 정신 세계가 강해 보이는 나무이다. 그러나 나무가 집안에 있는 모습은 통상적으로 그리지 않는다.

사람은 나무를 바라보고 있다. 역시 눈코입은 그리지 않았다. 나무는 집안에서 잘 보호받고 있는 듯했다. 엄마와의 의존적인 관계가 느껴졌다.

⑤ 문장 완성 검사(SCT)

◐ 내가 신이라면 – 지구를 없앴을 것이다. ◐ 내 생에 가장 행복한 날은 – 없다. ◐ 내가 가장 우울할 때는 – 매일이다. ◐ 엄마와 나는 – 사이가 좋다 원하는 걸 다 들어준다. ◐ 친구들과 나는 – 친구가 없으니 쓰지 않겠다. ◐ 내가 좀 더 어렸다면 – 태어나지 않았을 거다. ◐ 나의 좋은 점은 – 원하는 걸 최대한 들어주고 그냥 착하다. ◐ 나의 나쁜 점은 – 너무 많아서 다 못 쓴다. ◐ 나의 큰 즐거움은 – 게임하는 것이다. ◐ 무엇보다 좋지 않게 생각하는 것은 – 자살이다.

지원이는 주로 부정적인 감정을 나열했고 엄마와는 밀착된 관계로 많이 의지하는 것으로 보였다. 지원이는 학교에 소속감도 없고 늘 외롭고 우울하고 비관적인 생각이 만연해 있었다. 자신감도 없고 위축되어 있고 스트레스 상황에 적절한 대처 방법을 찾지 못하고 있었다. 그리고 학교생활 갈등과 대인 관계에서 어려움이 나타났다.

(a) 스트레스 검사(PITR)

(b) HTP 검사

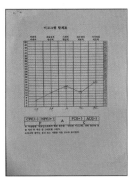
(c) Ego 그램

We 클래스
우리가 희망이다!
도움주기

① 학교생활 적응 돕기

지원이는 학교생활이 지옥 같다고 했다. 나는 담임 교사와 긴밀하게 접촉하여 학교생활을 돕고자 했다. 담임 교사는 짝을 정할 때나 자리 배치에 신경을 써주었다.

지원이는 쉬는 시간이나 이동 수업 때 모둠 활동 시간에 혼자여서 너무 힘들어했다. 점심시간에는 아이들이 자리를 옮겨 가며 친한 애들끼리 같이 먹는데 지원이는 혼자여서 아예 밥을 먹지 않고 매일 굶었다. 지원이는 아이들을 피해서 상담실을 왔다. 내가 간식을 줘도 먹지 않았다. 소화가 안 된다고 했다.

위클래스에서 점심시간에 매일 '힐링타임' 시간이 있었는데 또래 상담반 동아리 아이들이 봉사하고 있었다. 그 아이들과 어울릴 수 있게 시도해 보았으나 워낙 위축되어 있고 친구 관계에 어려움이 있던 터라 지원이는 좀처럼 마음을 열지 않았다. 그냥 혼자서 그림을 그리거나 컬러링북에 색칠하든가 하며 시간을 때웠다.

공감 대화 카드에서 지원이가 선택한 내용을 보며 이야기를 나누어 보았다. 지금보다 나은 모습을 원하고, 아름다워지기를 원하고, 있는 그대로 받아 주기를 원하고, 사랑받고 싶고, 꿈을 이루고 싶다고 하였다. 그리고 지금 마음은 울고 싶다고 하였다. 이렇게 자신의 감정을 표현하며 상담실에서 잠시나마 편안한 숨을 쉴 수 있었다.

② 내담자의 강점 찾기

지원이는 무기력하고 아무것도 하고 싶지 않은 상태였다. 학교 불안으로 심인성 질병으로 결석과 조퇴가 잦았다. 상담실에 오는 것은 그냥 교실에 아이들을 피해서 오는 도피처 같은 것이었다. 상담을 하기보다 오로지 학교를 떠나고 싶은 마음뿐이었다. 대인 관계 문제를 다루기가 쉽지 않았다. 그래도 지원이의 긍정적인 면을 찾아주기로 했다. 정말 예쁘게 생긴 외모를 하고 있다고 말해 주었다. 그것도 자신감을 가질 수 있는 충분한 조건일 것이다. 그리고 SCT에 나온 것처럼 착하고 남의 얘기를 잘 들어주는 점도 장점이라고 칭찬해 주었다.

MBTI에서 ISFP 유형이 16가지 유형 중 가장 따뜻한 사람이라는 것과 순발력이 있고 여성스럽다는 말도 해주었다. 그리고 어떤 상황에서도 이해하고 믿어 주는 엄마가 있다는 것은 큰 자원임을 말해 주었다. "너를 힘들게 한 친구들 생각나면 화나고 억울할 때 마음을 억누르지 말고 욕하고 미워해도 괜찮아. 샘도 그런 적 있었어." 하자 지원이는 한결 편안해진 얼굴로 "정말요?" 했다. "지원아 세상에 완벽한 사람은 없단다. 그 아이들이 너보다 잘나고 똑똑해서 너를 괴롭히는 것인지 생각해 보자." 하고 생각을 키워보았다. 지원이는 상처받고 혼란스러운 마음을 달래주는 어른이 필요했다. 그 따돌림에 꽂혀 다양한 면을 볼 수 없고 고통 속에 갇혀 있던 지원이는 조금씩 다른 세계를 보기 시작했다.

③ 학업 중단 숙려제 및 대안 학교 안내

지원이는 결석이 많고 도저히 학교를 다닐 수 없어서 2학기에는 자퇴를 결심했다.

나는 자퇴하기 전에 학업 숙려제에 대해서도 안내를 해주었다. 지원이는 바로 학업 중단 숙려제를 실시하였고 2주 동안은 학교를 나오지 않아도 된다는 것에 너무 좋아했다.

숙려제 상담 기간에 자신의 자퇴 결심이 올바른 결정이었는지 재조명해 보는 시간을 가졌다. 그리고 자퇴 후에 무엇을 할 것인지 자신의 진로를 탐색하는 시간을 가졌다. 꿈은 요리사라고 했다. 지원이는 심신의 안정을 찾고 자신의 꿈을 향해 가기로 다짐했다. 죽고 싶다는 지원이에게 감사한 일을 찾아보게 했다. 지원이는 상담 샘이 자신의 얘기를 들어주는 것이라고 했다. 그리고 자신을 태어나게 해준 엄마라고 했다.

감정 카드에서는 후련하다, 불편하다, 분통 터진다, 안심된다를 선택했다. 안심되는 것은 상담 샘이 있어서라고 했다. 심리 검사를 통해 자신을 이해하는 시간을 가졌다. 경기 희망학교 대안 학교에 대한 안내를 해주자 한치의 망설임도 없이 가겠다고 했다. 자신이 어딘가 갈 곳이 있다는 것에 위안을 받는 듯했다.

나도 처음 해보는 업무이므로 대안 교육 위탁 기관 운영 매뉴얼을 찾아보았고 그 학교 안내에 따라 교무부, 담임 선생님과 협조하여 곧바로 입학 절차를 진행하였다.

숙려제 기간에 지원이는 그곳을 방문하였고 숙려제가 끝나고 이어서 바로 대안 학교에서 일주일간 적응 기간을 갖고 입학하였다. 지원이는 1학년 2학기에 대안 학교로 갔으며 2학년 때 원적교로 돌아왔다. 그러나 지원이가 다시 적응하기는 쉽지 않았다. 나를 포함해서 학년부장, 교무부장, 진로부장, 담임 교사가 모여서 재위탁에 대한 협의를 했다.

그 결과 결석, 조퇴가 많고 심리적으로 불안하여 도저히 학교에 다닐 수 없는 부적응 학생으로 판정하여 지원이는 다시 대안 학교로 가게 되었다.

대안 학교는 4월 입학이므로 2학년 3월에 다시 학업 중단 숙려제를 실시하였다. 대안 학교는 원래 1회만 갈 수 있는 곳인데 특별히 허락을 받았다. 일 년에 4회 시험 기간에만 원래 다니는 학교에 오는데 지원이는 친구들을 만나기 싫다고 하여 보건실에서 혼자 시험을 보게 하였다. 수행 평가도 교과별로 모아서 상담실에서 할 수 있게 해주었다.

카운슬링 팁

자퇴만이 답이 아닙니다.

학교라는 틀의 무게가 버거웠던 아이. 숨 막히고 지옥 같던 학교에서 탈피하여 심신의 안정과 진로를 찾아 선택한 대안 학교는 인생을 바꾸어 놓았습니다. 학기 초 친구 만들기 탐색전에서 참패한 지원이는 원적교에서는 아싸였지만 대안 학교에서는 핵인싸로 돌변했습니다. 대안 학교에서 자신의 꿈을 잘 펼칠 수 있어서 다행입니다. 학생들이 인생이라는 항로를 잘 항해할 수 있도록 우리 교사들이 안내자 역할을 잘 해준다면 무엇보다 보람되고 가치 있는 일일 것입니다. 자퇴를 할 수밖에 없는, 앞이 안보이는 아이들에게 또다른 길이 있다는 것을 알려 주세요.

우리 관내에 있는 대안 학교는 인성 교육 위주로 체험 학습을 많이 하는 곳이다. 지원이는 소수의 아이들을 개별 지도하는 자유스러운 분위기에서 잘 적응하였다.

내가 지도 점검차 그곳을 방문하였을 때 지원이는 케이크를 만들고 있었다. 한층 밝아진 표정으로 편안해 보였다. "사랑해요. 선생님"이라고 쓴 분홍색 캘리그라피 석고판을 수줍게 내밀었다. 내가 온다고 하여 준비했다고 한다.

게시판에는 아이들의 체험 학습 사진이 붙어 있었다. 소속 학교에서는 갈 수 없는 먼 섬에도 체험 학습을 간다고 한다. 그곳은 학생 8명에 교사는 6명이 있었다. 교육과정에 대해 친절하게 설명해 주는 그곳 교사들을 보니 안심이 되었다.

지원이는 3학년 때 직업 위탁 교육 기관의 호텔조리학과에 지원했고 무사히 졸업을 하였다. 그 후 3년이 흐른 얼마 전 전화가 왔다. "쌤, 지원이에요." 너무 밝고 경쾌한 목소리였다. 지원이는 훌륭한 요리사가 되기 위해 대형 레스토랑 주방에서 열심히 일하고 있다고 했다. 나는 너무나 반가웠고 한편 대견했다.

아이와 함께했던 지난날이 아련히 떠오르며 눈물겹게 고마운 생각이 들었다.

■ 학업 중단 숙려제

학교생활 부적응 학생이나 학업 중단 징후가 있는 학생에게 자퇴하기 전에 학업 중단 숙려 제도를 안내한다. 최소 1주부터 최대 7주까지 당해 학년 2회로 나누어 실시할 수 있다. 주 2회 이상 상담으로 7일(주말 포함)을 출석 인정 결석으로 처리한다. 보통은 2주 동안 숙려제 상담을 실시한다.

2주가 넘어가면 매일 프로그램으로 진행한다. 학교장이 인정한 진로 직업 체험 등 1일 1회 이상 참여하는 다양한 맞춤형 프로그램에 참여하게 된다(미용, 제빵, 예체능 활동 등 그 기관에서 출결 인정 확인서를 받아야 한다). 상담이나 심리 지원 프로그램도 가능하다. 학업 숙려제에 대한 결정은 학업 중단 예방 지원팀(교감, 담임, 학년부장, 진로 상담부장, 전문 상담 교사 등으로 구성한다.)에서 하게 된다.

위클래스가 있는 학교에서는 담임 교사가 학업 중단 숙려제 신청서를 담임 소견과 함께 내부 결재하면 전문 상담 교사는 숙려제 상담이 끝나면 상담 결과 소견서를 다시 내부 결재하여 담임과 교무부, 학년부 등 지원팀과 결과를 공유하게 된다.

■ 대안 교육 위탁 기관

경기도 교육청에서 지정한 27개 경기 희망 학교(장기 위탁 대안 학교)가 있다. 대안 교육 위탁 기관은 학교생활 적응이 어렵거나 정규 교육과정 이외의 분야(미용이나 바리스타 등)에 관심이 있는 학생들에게 다양한 프로그램을 제공하는 기관으로 학교생활 적응 및 학교 복귀를 돕고 있다.

대안 학교는 개인적 특성에 맞는 교육을 받으려는 학생을 대상으로 현장 실습 등 체험 위주의 교육, 인성 위주의 교육 또는 개인의 소질 적성 개발 위주의 교육 등 다양한 교육을 하는 학교이다(출처: 경기도 교육청 통합자료실).

▨ 직업 위탁 교육

고3 학생들은 직업 위탁 기관에 지원해서 꿈을 펼칠 수 있다. 국가에서 지정한 직업 위탁 기관이 전국 여러 곳에 있다. 자신의 적성에 맞는 곳을 찾아 선택하면 된다. 1년간 실습 위주의 교육을 하며 자격증도 취득하고 대학 진학도 가능하다.

일반계 고등학교에서 학업에 흥미가 없거나 학교생활 부적응으로 자퇴를 희망하는 학생들이 늘고 있다. 그러나 이런 학생들도 고등학교 졸업은 하기를 희망한다. 이런 학생들이 점점 많아지면서 일부 학교에서는 위탁반 담임 교사를 신설하였다. 그러나 2020년은 코로나로 인해 희망자가 많이 줄었다고 한다. 원적교에는 한 달에 한 번 정도 등교하여 수업을 하게 된다. 창체나 동아리 시간도 이수해야 한다. 고3 직업 위탁 교육에 대한 체계적인 교육과정이 미흡하고 인식도 부족한 실정이다.

▨ 장기 대안 학교 및 심리 치료 센터

기숙형 심리 치료 센터로는 용인에 국립 중앙 청소년 디딤 센터가 있다. 그리고 위탁형 대안 교육 기관으로 가정형 Wee센터가 수원(행복 키움 Wee 센터: 여자)과 고양(숨겨진 보물: 남자) 두 곳이 있는데 가정 폭력, 학교 폭력, 성폭력, 이혼 피해자 등 가정 문제로 안전 위기를 맞은 학생들을 보호하는 기관이다. 학교 폭력 피해 학생과 부모를 위한 심리 치유 기관으로는 대전 등 5곳에 해맑음 센터가 있다.

그리고 학교 폭력과 관련하여 전국에 청소년 쉼터 19곳이 있으며 경기도 교육청 심리 지원 프로그램과 학교 안전 공제회에서도 지원받을 수 있다. 전국 각 시에는 학교 밖 청소년 지원 센터(꿈드림)가 있다. 학교에서 밀려난 청소년들에게 배움의 기회를 주고 안정된 공간을 무료로 제공한다. 그리고 청소년 미혼모, 안식처 자오나학교가 있다. 이곳은 대부분 상상할 수 없는 삶의 굴곡을 거쳐서 온다고 한다. 벼랑끝에 선 청소년들이 도저히 뛰어넘을 수 없는 장벽에 부딪혔을 때 이를 넘어서게 할 안전한 디딤돌이 되어 주는 곳이다.

나를 다시 만나다
사례의 주인공 지원이 이야기

자퇴하는 것보다 대안 학교에 가더라도 졸업은 하는 게 나아요.

나의 고등학교 시절은 처음부터 꼬이기 시작해서 학교는 지옥이었다. 1학년 학기 초부터 친구가 없었고 아이들은 나를 피했고 벌레 보듯 했다. 이유도 모른 채 따돌림을 당하고 반 아이들은 나를 투명 인간 취급을 하고 모든 곳에서 은따시켰다. 나는 학교 가기가 무서웠고 늘 배가 아팠다. 숨이 멎을 것같이 가슴 통증도 심해서 조퇴와 결석을 많이 했다. 도저히 학교에 다닐 수 없어서 자퇴를 하려고 했다.

담임 선생님이 상담실을 가 보라고 해서 가게 되었다. 상담 샘은 자퇴하기 전에 숙려제라는 것이 있다고 하셨다. 난 2주 동안 학교를 안 가도 되니까 한다고 했고 숙려제 상담 기간 동안 대안 학교에 대해서도 안내해 주셨는데 나는 바로 그 학교를 방문하고 가기로 결심했다.

솔직히 말하면 학교라고 볼 수도 없는 교회 건물에 교실 한 칸 정도 빌려서 쓰는 곳이었다. 그러나 학교에서보다 자유롭고 분위기가 좋았다. 아이들이 8명밖에 없었고 선생님들은 많았다. 학교 선생님들과는 다르게 친절하셨고 따뜻하게 대해 주셨다. 선생님들이 착하셨고 나를 바른 길로 인도해 주셨다.

아이들과 가끔 트러블도 있었지만 대체로 잘 지냈다. 그리고 3학년 때는 직업 위탁 교육 기관 조리학과에 들어가서 내가 하고 싶은 요리를 배웠다. 그때가 가장 행복했었던 것 같다. 내가 조금 늦게 들어갔는데 아는 애가 있어서 서로 잘 놀았고 지금까지도 연락하고 지낸다.

성인이 된 나는 멋진 요리사를 꿈꾸며 레스토랑 주방에서 일하고 있다. 지금 생각하면 고등학교 때 자퇴할 뻔했는데 그때 담임 선생님과 상담 샘이 잡아 주셔서 여기까지 오게 된 것 같다. 나같이 학교생활이 힘든 아이들에게 포기하지 말고 가다 보면 길이 있다고 말해 주고 싶다. 대안 학교가 규모는 작아도 인성을 가르치고 심리적 안정을 찾는 데는 좋은 것 같다. 자퇴보다는 대안 학교를 가더라도 졸업을 하라고 말하고 싶다.

비행 청소년으로 중2 때 자퇴한 진웅이(중2 남)

진웅이는 중학교 2학년 2학기 초에 자퇴를 하였고 2년 후에 어렵게 다시 재취학을 하기로 결심했다. 진웅이는 훤칠한 키에 호감 가는 외모와 카리스마가 넘쳐 보였다. 여느 중학생의 모습과는 다른 포스가 느껴졌다. 성격은 활달하고 분위기 메이커이며 리더십도 있다. 꿈은 군인이나 수상스키 선수라고 했다.

진웅이는 어렸을 때부터 삼촌이 운영하는 펜션에서 수상 스키를 탔으며 요즘도 여름철에 손님들에게 수상 스키를 가르치고 있다. 부모님은 이혼하였고 진웅이는 아버지와 함께 살고 있다. 재취학 전의 문제 행동으로는 음주, 흡연, 오토바이 절도, 폭행, 교사에게 반항 등 비행 청소년이었다. 그러나 주변의 친구나 후배들 사이에서는 보스였으며 추종자들이 많았다.

진웅이는 2년을 학교 밖 청소년으로 살아오다가 고등학생이 된 친구들을 보며 자신의 처지가 한심하게 느껴졌다.

초등학교 졸업이면 군대도 못 가고 사회에서 인정도 못 받고 취직도 못할 것이라며 학교를 다시 다니기로 결심했다. 그런데 학교에서는 한 달간의 적응 기간을 두고 그 후 진웅이의 태도를 지켜보고 재취학을 허용하는 것으로 하였다.

진웅의 문제는 2년간의 공백으로 인한 학교생활에 대한 불안이었다. 진웅이는 학교 규범을 자신이 잘 지킬 수 있을지에 대한 두려움과 수업 내용을 잘 알아들을 수 있을지도 걱정했다. 반면에 학교에서는 예전 같은 청소년 비행, 절도, 폭력 사건, 교사에게 반항, 욕설 등이 다시 나타나지 않을까 염려했다.

마음 들여다보기 — 심리 검사 & 심리 상태

① 스트레스 검사(PITR)

비의 양은 많지 않은 것으로 스트레스 상황은 없어 보이는 반면에 우산은 크게 그려서 스트레스에 대처하는 데 에너지를 많이 사용하는 것으로 보였다. 그림 속 사람의 기분은 비가 와서 아무 생각이 없다고 했다. 사람의 크기가 아주 작고 아래에 있어서 의외로 우울감과 위축된 모습이 보였다.

② 우울 척도(BDI)

15점으로 정상 범위(21점 이상 우울증)에 있었다.

③ 자아 존중감

자기 비하가 높고 지도력과 자기주장이 높게 나타났다.

④ 집, 나무, 사람 검사(HTP)

집은 평범한 가정이라고 했다. 창문은 소통을 의미하는데 잘 표현하였다. 굴뚝은 성적인 관심인데 이는 10대들의 정상적인 반응이다. 나무 열매를 많이 그린 것은 관심 받고 싶은 욕구이며 나무 기둥의 옹이는 외상을 의미한다. 사람은 막노동 장갑을 끼고 잡풀을 뜯고 있는 평범한 농사꾼이라고 했다. 근육질의 우람한 모습과 넓은 어깨는 힘의 과시를 나타내고 있다.

⑤ 나 상징화

오토바이를 그렸다. 자신을 라이더(Rider)라며 타는 것에 스릴을 즐긴다고 했다.

⑥ 인물화

19세 남자로 놀기 좋아하는 라이더라고 했다. 사람이 중앙에 힘 있고 반듯하게 서 있는 모습이다. 허리에 통제선도 그렸다. 성격은 좋은 편이라고 했다. 상대적으로 머리가 크게 그려진 것은 생각이 많은 것으로 보였다.

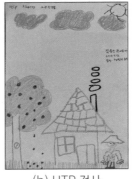

| (a) 스트레스 검사(PITR) | (b) HTP 검사 | (c) 인물화 |

도움주기

① 학교생활 적응 돕기

● 엉킨 느낌이에요. 두렵고 설레기도 해요.

진웅이는 중학생 같지 않은 큰 키에 건들건들한 모습이 얼핏 봐도 불량 소년 같았다. 첫날 학교에 온 감정을 물으니 엉킨 느낌이라고 하였다. 불안과 두려움이 있지만 설레기도 한다고 했다. 그동안 사회에서 살았던 이야기와 재취학을 결정하게 된 동기를 이야기하였다. 나는 앞으로 진행될 학교생활 적응 20차시 프로그램과 학교 규칙을 안내하였다. 첫 주는 두 시간씩 상담을 하기로 했고 점차 시간을 늘려 가기로 했다.

나는 진웅이에게 앞으로 샘들이 잘 도와줄 것이라고 안도감을 심어 주었다. 그 말에 진웅이는 부담감이 많이 줄었으며 두 시간 동안 잘 버텨낸 것에 뿌듯함을 느꼈다고 했다.

매일 상담은 다음과 같이 진행했다. 전날에 방과 후 일과를 말하는 것으로 시작해서 학생부에서 내준 자아 성찰 과제 점검을 하고 매일 상담 프로그램을 진행하였다.

상담 내용은 과거 자신의 행동 살펴보기와 지금의 변화된 모습 발견하기와 앞으로 학교생활 적응 프로그램으로 진행하였다.

• 자기 이해 프로그램과 주로 학교 적응을 돕는 내용을 다루었다.
• 학교 적응 프로그램으로는 자존감 향상, 분노, 스트레스, 대인 관계, 학교 폭력 등이다.

상담은 어린 시절의 초기 기억부터 현재 자신의 모습을 살펴보는 것으로 시작하였다. 자신의 과거의 잘못된 행동에 대한 깊은 후회와 반성의 시간도 가졌다. 부모님을 이해하게 되고 그동안 사회에서의 생활을 재조명하는 계기도 되었다. 진웅이는 상담을 통해서 자신을 이해하게 되고 자신을 사랑하고 돌아보는 소중한 시간이었다고 했다.

② 기초 생활 습관 학습하기

진웅이는 자퇴 후 학교 밖 사회에서 자유분망하고 불규칙적인 생활을 했기 때문에 학교 규칙 등 새로운 세계에 적응할 수 있도록 도와야 했다.

방과 후 생활과 가정에서의 생활에 관심을 갖고 부모님과도 긴밀하게 연락하고 협조를 구했다. 나는 작은 일에도 칭찬과 격려를 아끼지 않았고 매일 정성을 들였다. 한 인간을 살린다는 사명감으로 심혈을 기울였다.

등교 2주부터는 교복을 반드시 착용하고 등교 시간도 잘 지키고 좀 더 엄격하게 학교 규칙을 위반하지 않도록 하였다.

상담을 통해 진웅이는 거짓말처럼 차분해지고 스스로 변화하기 시작했다.

● 부끄럽고 지우고 싶은 나의 과거

자신에 대한 통찰과 이해와 가족의 소중함을 알게 되었으며 사회에서의 생활을 되돌아보게 되었다. 그리고 자신의 과거 중학교 때 행동에 대한 후회와 자책감으로 반성을 했다. 그동안 보이지 않았던 부모님, 형제, 친구들, 불량배들의 모습이 선명히 떠오르고 자신의 이탈 행동들은 부끄럽고 지우고 싶다고 했다.

3주 후부터 예전에 저질렀던 비행, 가출, 절도, 음주, 흡연 등은 거의 나타나지 않았다. 욱하는 충동성도 자제하고 행동하기 전에 후회할 일은 아닌지를 생각하는 성숙된 태도를 보였다.

진웅이는 한 달 후 변화된 자신의 모습에 신기해했다.

"전에는 아무리 숙제를 내줘도 안 하고 매일 밤 늦게 다니고 낮에 늦게까지 잠자고 마음대로였는데 내가 봐도 신기해요. 지금은 숙제를 못 해도 하는 데까지는 하고 집에도 일찍 들어가고 애들하고 잘 안 놀게 돼요. 화낼 때도 한 번 더 생각하게 되고요. 아버지하고도 요새는 잘 안 싸워요."라고 했다.

진웅이는 이렇게 적응 기간 동안에 예상보다 빠르게 변화되었으며 새롭게 태어나고자 부단히 노력하였다.

이제라도 학교로 돌아오게 되어 다행이고 정말 힘들 것 같은 규칙적인 생활에 적응할 수 있는 자신감을 갖게 되었다.

한 달간의 상담을 통해 학교에 대한 부담이 줄어들었고 교사들이나 후배들이 따뜻하게 대해 줄 것이라는 안도감을 갖게 되었다. 예전 모습이 아닌 새롭게 태어난 느낌으로 학교생활을 잘하겠다고 결심하였다. 진웅이 부모님도 정말 생각할 수도 없는 변화가 왔다고 놀라워하였다.

● 상담 과정 중에 닥친 시련과 좌절

상담 3주째 진웅이한테 험난한 고비가 왔다. 상담 2주 후에 진웅이 문제로 협의회를 가졌다. 학생부장, 학년부장, 상담 교사, 진로 상담부장, 교감 선생님이 모였다.

대부분의 교사들이 잘하고 있다고 긍정적인 반응을 보였는데 학년부장이 "이 학생을 다시 받아 주면 안 된다."고 반기를 들었다. "지금은 조용하지만 언제 또다시 돌발 행동이 나올지 모른다. 지금 2학년 애들이 진웅이를 무서워하고 있다"고 했다. 그 말을 진웅이와 부모가 있는 자리에서 하였다.

이 폭탄 발언으로 그날 이후 진웅이는 자신감을 잃었고 좌절하고 자포자기 상태로 무너지고 말았다. 진웅이는 "나는 지금 잘하려고 나름대로 많이 노력하고 있는데 과거의 문제를 가지고 나를 안 좋게 본다. 후배들한테 내가 뭐라고 한 것이 하나도 없는데 나를 나쁘게 보는 것은 잘못이다."라며 분개하였다.

③ 좌절된 꿈 일으켜 세우기

상담 교사인 나는 공든 탑이 무너지는 느낌을 받았다. 낙심한 진웅이를 위해 조심스럽게 다시 시작하는 상담이 힘들고 지치기도 했다. 진웅이는 의욕이 꺾인 상태에서 아무것도 할 수가 없었다. 마음을 정리할 수 있도록 기다려 주고 가급적 자유롭게 놔두고 조금씩 미술 치료를 실시하였다. 감정 조절, 분노 조절을 다루기로 했다.

나는 진웅이에게 학년부장의 입장에서 충분히 그렇게 말씀하실 수 있음을 이해시켰다. 나와 다르다고 해서 틀린 것이 아님을 말해 주었다.

이 사건으로 진웅이는 현실을 직시하게 되었다. 나는 타인을 이해하고 이 사회에서 남과 더불어 살아가는 법을 일깨워 주었다. 이후 다시 마음을 잡기까지는 일주일이 걸렸다. 진웅이는 4주째에는 6교시까지 학교에 머물렀고 한 달간 적응 기간을 성실하게 잘 마쳤다.

④ 재취학 후 추수 지도

우여곡절 끝에 그동안 상담한 자료 100여 쪽 분량을 가지고 나는 당당히 교장실로 갔다. 교장 선생님께 자세히 설명을 드리고 협의회를 거쳐서 재취학을 허용하는 것으로 결정이 났다. 교장 선생님은 진웅이의 학교생활을 상담 교사가 책임지고 관리해 달라고 당부하셔서 추후 지도까지 하게 되었다. 나는 수업 태도에 대한 체크리스트를 만들어서 교사들에게 협조를 구했다. 교과 교사들은 매시간마다 진웅이의 수업 태도를 평가하였는데 다행히 좋은 점수와 격려의 글을 써 주었다.

교사들은 진웅이가 예전 모습이 아니라고 칭찬해 주었다. 진웅이도 수업 시간에 느낀 점을 매시간 적어서 방과 후 나에게 확인을 받았다. 매일 학교생활의 문제점이나 좋았던 점을 평가하는 시간을 가졌다. 그 후로 진웅이는 학교에 잘 적응하였고 어린 후배들과 잘 소통하며 학교 밖에서 사고는 한 번도 일으키지 않았다. 그러나 3학년이 되면서 흡연과 지각, 조퇴, 결석 등이 잦아서 학생부에 가기도 했다.

● 학교생활 적응을 위한 프로그램

영역	구성 및 프로그램	수업 목표
자존감 향상	자신감 있는 나 · 나의 자랑, 나의 장점 · 나의 개성 알아보기	자신을 객관적으로 바라보고, 자존감을 높일 수 있다.
정신 건강	· 나의 감정 조절 방식 · 분노 경험 기록지	분노의 의미를 알고 ABCDE 기법을 통해 분노를 다스릴 수 있다.
	Stress 검사 · 빗속의 사람 그리기	스트레스의 원인을 알고 문제 해결 능력을 키울 수 있다.
	우울-우울 척도	우울의 증상을 알고 긍정적 사고를 할 수 있다.
대인 관계	감수성 증진 · 나의 특성을 시각적으로 표현하기	나의 특성을 알고 자존감을 키울 수 있다.
	의사소통 방법 · 적극적 경청 연습 · 대인 관계 지도	상대방을 존중하면서 자신의 생각과 감정을 효과적으로 전달할 수 있다.
	친구 사귀기 · 친구 만들기에 필요한 노력들	나의 친구 관계를 알아보고 친구 사귀기 방법을 알 수 있다.
학교 폭력	도덕적 판단 · 인생 그래프 · 버리고 싶은 나의 모습	딜레마 상황에 대한 판단을 통해 효과적인 반응을 한다.
	폭력 개념 · 내가 보는 나의 모습	폭력의 개념을 이해하고 자신의 생애 목표를 분명히 인식한다.
	의사소통 · 어린 후배와 학교생활 잘하기 · 교사들과의 갈등	바른 의사 표현을 통해 서로를 이해할 수 있다. 동료와 교사와의 갈등 해소하기, 예의 바른 태도를 기른다.

학교 폭력	따돌림 ·좋은 친구되기 ·친구 이해하기	친구 관계 분석을 통해 따돌림의 원인을 알고 이를 극복하기 위해 자기주장을 펼 수 있다.
	공격 성향 ·나의 행동 계획	자신의 모습이나 행동을 알고 사랑받고 있는 나를 발견한다.
	자기 탐색 ·나에게 일어난 변화	지금의 나를 돌아봄으로써 자신의 장점과 단점을 안다. 요즘의 변화된 모습과 상담 후에 변화된 모습을 탐색해 본다.
	나의 미래 설계 ·버리고 싶은 나 ·나의 인생 설계	생애 설계를 하고 미래의 나의 모습을 탐색할 수 있다.
학교 부적응	무단결석 ·목표 구체화하기	학교의 규범을 준수하고 규칙적인 생활을 하도록 노력한다.
	가출 ·우리 집, 우리 학교 이야기	긍정적 자아상을 찾고 새로운 시작을 다짐할 수 있다.
	재취학 ·새로운 나를 위하여	자퇴의 원인을 탐색하여 학교 부적응의 원인을 제거할 수 있다. 나를 아껴 주는 사람들을 생각한다.
	자아상 그리기	나의 모습 자신의 이해를 통해 자아 정체감을 형성할 수 있다.
기타	HTP, SCT, PITR 등	자신의 모습과 가정을 이해하고 대인 관계를 개선할 수 있다.
	성격 검사, 정서 행동	자신의 성격 유형과 장점을 발견하여 좀 더 긍정적인 삶을 발견한다.
	학교 적응 훈련(교과 시간에 교사 평가 및 자기 수업 태도 또는 느낀 점 기록하기)	

카운슬링 팁

문제 아이는 없습니다.

중2 때 이미 어른이 되어버린 아니 어른처럼 굴었던 아이. 그 철없던 시절 자신의 행동을 회상하며 회한의 미소를 지을 모습이 그려집니다. 2년 동안 학교 밖 청소년으로 떠돌다가 다시 학교로 돌아온 것은 진웅이 인생의 터닝포인트였습니다. 사회에서 용납되지 않는 행동과 비행으로 방황하는 10대들을 질책하기보다 그 아픔을 읽어 주시고 기다려 주세요. 문제 아이는 없습니다. 아이의 욕구가 있을 뿐입니다. 아이의 욕구를 잘 살펴주세요.

상담 후기

진웅이는 내가 전문 상담 교사가 되고 만난 첫 번째 내담자였다. 내가 전직을 하고 한창 꿈에 부풀어서 열정적으로 혼신을 다했던 아이다. 나를 믿고 잘 따라 준 진웅이에게서 기적처럼 변화가 일어났고 영영 꿈을 피우지 못하고 시들 뻔한 어린 싹을 건졌다는 느낌에 힘들었지만 보람된 시간이었다.

진웅이는 무사히 졸업을 하였고 어엿한 고등학생이 되었을 때 전 근무지에서 함께했던 교사들이 청평으로 연수를 간 적이 있었다. 그때 진웅이는 삼촌이 운영하는 펜션을 안내해 주었고 미리 와서 준비를 다 해주었다. 진웅이의 성실하고 예의 바른 태도와 배려하는 모습에 가슴이 벅차올랐다. 그곳에서 진웅이가 수상 스키를 타는 멋진 모습도 볼 수 있었다.

삼촌 내외분도 나에게 감사하다는 표시를 몇 번이나 하셨다. 우리는 후한 대접을 받고 유쾌하게 연수를 마쳤다.

■ 그후 10년이 흐르고….

요전에 10년 만에 진웅이와 통화를 하게 되었다. 우리는 예전의 기억을 떠올리며 그 시절로 돌아가서 한참을 희희낙락 수다를 떨었다. "그때가 참 좋았어요. 선생님께 감사드려요. 그때는 철이 없어서 인사도 못했어요. 선생님 아니었으면 중학교 졸업도 못하고 장가도 못 갔을 거예요. 요즘 내가 변한 게 있는데 화를 못 내요. 화낼 일이 있어도 그게 안 되고 술 마시고 혼자 풀어요."

그렇게 분노 조절이 안 되던 진웅이에게서 뜻밖의 얘기를 듣고 한참 어리둥절했다. 그 당시 힘든 시간을 함께 견뎌 온 전우애 같은 걸 느끼는 순간이었다. 나는 진웅이와 통화하고 그날 밤에 만감이 교차하며 왠지 모를 요동치는 묘한 감정에 잠을 이루지 못했다.

심리학 노트

■ 비행 청소년

비행 청소년의 행동은 품행 장애에 해당하며 문제 행동이나 적대적 행동이 최소 6개월 이상 지속되고 사회적 규범이나 연령에 적합한 규준에 위배되는 행동 또는 타인의 권리를 침해하는 행동 패턴이 반복적으로 일어난다(APA 1994).

원인으로는 낮은 자아 개념, 과잉 행동 및 충동적 성향, 사회적 기술의 부족, 가치관의 혼돈 및 부재, 미래에 대한 희망과 계획성 상실 등을 들 수 있다.

이와 관련하여 위험 행동은 무단결석, 지각과 조퇴, 교사에 대한 반항적 태도, 또래친구들에 대한 위협과 폭력 그리고 우울증, 낮은 자존감, 자살 생각 등의 정서도 포함된다.

비행 청소년의 상담 과제는 욕구를 표현하고 환경에 긍정적으로 대응하는 능력을 길러 주는 일, 자아 존중감과 책임감의 개발, 대인 관계 및 의사소통 능력의 향상, 감정 조절, 왜곡된 사고의 재구조화, 도덕적 판단 능력 향상, 과잉 행동 및 충동성 감소, 스트레스 대처 방법 강구 등이 있다.

나를 다시 만나다
사례의 주인공 진웅이 이야기

나쁜 짓도 배울 게 있다.

그때 그 시절에 나는 나만 생각했고 내가 좋으면 끝이었다. 어른들이나 선생님, 형들이 내 모습과 행동을 보고 잔소리, 싫은 소리를 하면 난 다 받아쳤다. '내가 피해를 준 것도 아닌데 왜 난리들인지'라는 마음이 컸던 것 같다.

'나는 나다'라는 것이 안 좋은 것은 아니지만 '자기주장만 강하면 남과 동떨어진다'라는 것도 배웠고 최대한 내 주장도 얘기하면서 남들과 맞춰 가는 게 최고라는 것도 배웠다. 지금의 비행 청소년들아, 이런저런 행동을 해도 다 괜찮다. 다 경험이고 나쁜 짓도 배울 게 있다. 느껴 보고 한번 해봤으면 성인이 돼서 안 그러면 돼. 근데 어렸을 때나 커서나 똑같이 행동하면 똥 취급을 받을 거야. 학생 때와 성인 때와는 무지 다르단다.

어렸을 때나 지금이나 하루하루 바쁘게 사는 건 마찬가지인 거 같다. 어릴 때부터 많은 일을 해봤고 지금도 쉬지 않고 일하고 있지만 결혼하고 난 뒤로 나의 취미가 점점 흐려지고 난 그저 가장의 무게만 늘어난다. 그렇지만 딸 보면 힘이 난다. 그리고 내 어릴 때 모습이 자꾸 떠오른다.

행복하면서도 나의 어릴 적 모습을 생각하면 걱정된다. 우리 딸은 착하고 현명할 거라는 생각을 항상 마음에 품는다. 여자애라 더 걱정이 된다. 그리고 나는 이제 어린애가 아니다.

한 가족의 가장이고 아빠고 남편이다. 끝까지 멋지고 현명한 가장이 되도록 노력할 것이다. 어렸을 때나 지금이나 젊을 때 사서 고생하는 걸 좋아하고 남들보다 노는 거나 즐기는 걸 빨리 시작해서 그런지 결혼도 엄청 빨리 했다.

마지막으로 나를 바꿔 주신 서원쌤 첫날이 생생하네요. 쌤도 많이 당황하셨을 텐데. 학생 같지 않은 학생을 다시 졸업시켜 주시고 말 동무도 해주시고 어디로 튈지 모르는 탱탱볼을 잘 잡아 주셔서 감사합니다. 그때가 있었기에 이렇게 사회생활도 잘 적응하고 한 가정의 아빠까지 될 수 있었습니다.

항상 열심히 살고 있으니까 걱정 마십쇼!! 감사합니다.

Part 6 학부모/운동부 상담

[학부모 상담]
아들이 무서운 어머니

[운동부 상담]
쌤 상담 한 번만 더 해주시면 안 돼요?

[학부모 상담] 아들이 무서운 어머니

어느 날 오후에 통통하신 어머니가 상담실에 힘없이 들어왔다. 어머니는 고뇌에 찬 축 처진 모습으로 "우리 애가 자퇴하고 싶다고 해요."라고 했다. 그러면서 아들은 무단결석이 많아 선도위원회(학생생활 교육위원회의 이전 명칭)가 목요일로 예정돼 있다고 걱정을 했다. 그런데 아들을 걱정하던 어머니의 말투는 갑자기 격앙되었다.

"사실 난 아들이 무서워요, 나한테 막 욕하고 막말하는 건 다반사고, 물건을 집어 던지고 해서 피할 수밖에 없어요. 오늘도 집에 안 들어가려고 해요. 들어가면 화내고 맞아요." 하며 하염없이 눈물을 흘렸다. 민준이는 자기 맘에 안 들면 집의 문을 잠그고 안 열어 준다고 한다. 그럴 때마다 어머니는 밖에서 헤매고 아픈 가슴을 쓸어내렸다.

어머니는 고개를 떨구며 떨리는 목소리로 "살고 싶지가 않아요. 그런데 이렇게 사는 건 민준이 고등학교 졸업하는 거라도 보고 죽고 싶어서예요."라고 했다.

어머니는 민준이가 어릴 때 남편과 이혼하고 기초 생활 수급자로 생활하고 있었다. 수급비 60만 원으로 걸로 민준이 휴대 전화비와 밥값으로 다 나간다고 했다. 아들의 폭력이 너무 무서워서 몇 차례나 아들을 경찰에 신고했다. 그때마다 경찰이 왔지만 가정 내 폭력이라고 어떤 조치도 없이 그냥 가버린다고 했다. 그럴 때마다 아들은 어머니에게 "또 지랄이다."라고 막말을 했다. 어머니한테 상담을 받아 본 적이 있냐고 물었더니 없다고 한다. 어머니는 아들에게 당한 것을 서럽게 한탄스러워 하며 이야기를 이어갔다.

"선풍기 켜, 편의점에서 도시락 사 와, 물 가져와." 등등 엄마를 종 부리듯이 누워서 손 하나 까딱 안 하고 명령을 했다. 그럴 때마다 엄마는 시중을 다 들었다. 이번에는 옷을 사 달라고 했는데 돈이 없어 못 사 주니까 화가 나서 욕하고 "이놈의 집구석!!" 하며 베개를 집어 던졌다고 한다. 어머니는 차라리 아들을 때리고 경찰에 신고당하고 폭행죄로 자신을 감옥에 처넣었으면 좋겠다고 하였다. 하루는 칼을 집어던졌는데 어머니를 빗겨 가서 방바닥에 꽂혔는데 너무 떨려서 무릎 꿇고 아들에게 빌었다고 했다. 매일 아침에 눈 뜨는 게 무섭다고 했다. 그런데 아들은 밖에서는 친구들과 잘 지내고 아무 문제가 없는 아이였다.

어머니의 이런 사연을 듣고 내가 어떻게 도움을 주어야 할지 마음이 무겁고 고민스러웠다. 나는 평소에 어떤 어려운 문제도 잘 풀어내는 드라마 치료 소장님에게 자문을 했다.

소장님은 사연을 듣자마자 아이를 상담할 것이 아니라 엄마가 상담을 받아야 한다고 했다. 아이가 엄마를 무시하고 막 대하는 것은 어머니 역할을 제대로 못하기 때문이라고 했다.

● 내담자 이해

내담자는 어린 시절의 좋은 기억이 하나도 없다. 세 살부터 5학년 때까지 할머니 댁에서 살았고 어느 날 갑자기 누군가 나타나서 철원의 부모 집으로 가게 되었다. 친어머니는 오랜만에 만난 딸을 반기지도 않았다. 어릴 때 골골하고 밥도 잘 안 먹고 해서 신경을 안 쓰고 남동생만 예뻐해 주고 차별이 심했다.

아버지는 군인이었는데 가정적이지 못하고 아내를 폭행하였다. 내담자는 6학년부터 아버지와 살다가 폭력적인 아버지가 너무 무서워서 집을 나와서 친구 집에서 중학교를 지내고 고등학교 때부터 혼자 살았다.

할머니 생각이 나서 찾아갔더니 "네가 여기 왜 왔냐."고 박대를 하며 쫓아냈다. 사는 게 비참해서 죽으려고 농약을 먹었다. 대학병원에 거의 한 달을 입원했는데 부모는 한 번도 면회를 오지 않았다. 너무 화가 나서 가방에 칼을 넣어 가지고 부모를 찾아갔다. 정말 죽이고 싶었다. 내담자 어머니는 시장에서 먹을 것을 잔뜩 사 가지고 왔는데 하나도 주지 않고 왜 왔냐고 화를 냈다.

내담자는 혼자 돈을 모아 결혼을 하였고 부동산 투기로 집이 세 채나 되었으나 남편이 다 탕진하여 결혼 1년 후 이혼하고 혼자 아들을 키웠다. 내담자는 자신이 사랑을 못 받고 자라서 아들에게도 사랑하는 법을 가르쳐 주지 못한 것 같다고 했다.

내담자의 이런 기막힌 사연은 과거에 대한 기억이 왜곡된 것은 아닌지 의심스러웠다.

마음 들여다보기 심리 검사 & 심리 상태

① 스트레스 검사(PITR)

우산을 먼저 그리고 비는 그리지 않았다. 스트레스 상황을 인지하지 못하는 것으로 보였다. 사람은 아주 작게 그려서 위축된 모습이다. 몸통에 비해 머리가 큰 것은 생각이 많은 것으로 보이며 다리는 생략되고 발은 아주 작게 새발처럼 그렸다. 몹시 불안정한 모습이다. 사람의 기분은 아무 생각이 없고 화를 참는 중이라고 했다. 옆에 가로수는 관심과 지지받고 싶은 욕구로 보인다.

② 나무 그림 검사

나무는 어정쩡하게 서 있고 잎 부분은 싸개 모양으로 감정을 막아 버렸다. 열매는 관심과 사랑이 필요함을 의미한다. 나무 나이는 자신과 동갑이고 계절은 햇빛이 쨍쨍한 가을이라고 했다. 나무한테 필요한 것은 자연적으로 잘 클 수 있는 환경이라고 했다.

이 나무 그늘에 기대어 쉬면서 밝은 빛을 찾고 싶어서 분홍색을 칠했다고 했다. 그래도 "이 나무가 나중에 어떻게 될 것인지?"라는 질문에는 더 클 것이라고 긍정적인 말을 했다. 어머니는 내내 손을 떨면서 그렸다.

③ 집 그림 검사

검은색으로 절간 같은 느낌의 집이다. 문을 크게 그린 것이 특징이다. 이런 집의 처마밑에 문을 열고 들어가서 혼자 누워서 편하게 쉬고 싶다고 했다.

속세를 떠나 편하게 잠을 자고 싶다며 나중에는 거기에 살고 있지 않을 것이라고 했다. 현재의 지치고 힘든 상태를 반영한 모습이다. 가족에 대한 상(이미지)은 없었다.

④ 새둥지화

새둥지에는 알이 네 개 그려져 있고 어미새는 그리지 않았다. 한참 망설이다가 "어미새는 먹이를 주겠지요." 하고 '엄마'라고 작게 쓰고 그리지는 않았다. 알만 그린 것은 매우 낮은 안정 애착 수준을 나타낸다. 어린 시절 부모의 정서적 지지가 미흡했던 것으로 보인다. 본인은 부모에 대한 상(이미지)이 하나도 없다고 덧붙였다.

(a) 스트레스 검사   (b) 나무 그림 검사   (c) 새둥지화

 도움주기

① 모자의 관계 패턴 점검하기

민준이의 숙려제가 끝나고 어머니가 학교에 왔을 때 상담받아 볼 것을 권했다. 어머니는 비용을 걱정하였다. 나는 지자체 상담 기관을 안내했는데 어찌된 일인지 나를 다시 찾아왔다. 사실 지난번에 민준이와 함께 서로 이해할 수 있는 자리를 만들어 어머니와 같이 상담을 하려고 했으나 어머니가 계신 걸 알고 민준이가 벌떡 일어나 가버렸다.

나는 우선 어머니의 심정을 읽는 것으로 상담을 시작했다.

"그동안 혼자 아이 키우시느라 힘드셨죠?" 하자 그만 울컥하고 울기만 하였다.

아들에게 무시당하고 폭력적인 행동에 적절한 대응 방식을 못 찾고 어찌할 줄 몰랐다고 하였다. 어머니는 누구한테 말도 못 하고 혼자 감당하며 죽고 싶었다고 한다.

나는 이 모자 사이에 반복된 패턴을 점검해 보기로 했다. 아들은 어머니에게 항상 필요한 것을 요구하고 심지어 지시를 하였으며 어머니는 저항 없이 받아 주었다. 욕구가 좌절되면 심한 욕설과 폭행을 하려 했다. 그럴 때 어머니의 반응은 경찰에 신고하거나 집을 나가는 것이었다. 어머니는 지금까지 해왔던 방식이 회피라는 방어 기제임을 알아차렸다. 이 상황을 직면시켜 주자 아들이 무서워서 어쩔 수가 없었다고 했다.

나는 어머니에게 지금까지 모자 관계 패턴을 끊고 다른 방식으로 접근해야 한다고 말했다.

아들에 대한 두려움을 줄이기 위해서 '민준이의 화는 가장 약한 대상인 어머니한테 투사된 것'이라고 이해시켰다. 그러니 거기에 맞서서 대항하지 말 것을 당부했다. 그렇게 하기 위해서는 어머니가 좀 더 강해지고 심리적인 힘을 길러야 한다고 했다. 아이의 화가 진정된 후에 화가 나게 된 감정을 읽어 주며 이야기를 들어줄 것을 제안했다. 그리고 대화가 어려우면 문자나 편지로 마음을 전하라고 하였다. 어머니는 지금까지 상황을 객관적으로 보게 되었고 자신을 돌아보는 시간이 되었다고 했다.

② 어머니의 역할 분명히 하기

어머니는 지난번 상담 후에 조금 기운을 차렸고 민준이도 자퇴를 안하고 대안 학교를 가기로 했다고 좋아하였다. 이번에는 좀 더 구체적인 역할 구분에 대하여 얘기했다. 어머니의 역할을 분명히 해야 하며 어머니와 아들과의 경계를 확실히 구분 지을 필요가 있다고 했다. 그래서 아들이 엄마를 신뢰할 수 있어야 한다고 했다.

우선 어머니의 건강부터 회복하는 게 급선무였다. 이제는 아들에게 밥도 해주고 어머니로서의 역할을 제대로 해야 어머니의 위상도 세워진다고 했다. 또한, 아들이 폭력을 행사할 때 차분히 부모로서의 역할을 인지하고 떳떳하게 수행해야 한다고 했다.

지금까지 아들의 요구를 무조건 수용하는 방식은 더욱 아들의 공격성을 키웠을 가능성이 높다고 조심스럽게 이야기했다. 어머니는 어쩔 수 없었다고 했다.

나는 냉철하지만 모자 관계가 이렇게 된 데는 문제의 원인이 어머니에게도 있음을 인식시켰다. 이제라도 일방적인 상하 관계가 아닌 서로 존중하고 타협하는 지점을 찾도록 하였다. 합의하여 가족 규칙을 정해 보도록 하였다. 민준이 본인이 할 수 있는 것은 스스로 하게 하고 어머니도 인간적으로 힘들 때는 힘들다고 감정 표현도 하라고 했다. 그동안 되풀이된 악순환의 상황을 되돌아보는 시간이었다. 어머니는 모두 이해한다고 했다. 그러나 솔직히 자신이 없다며 한숨을 내쉬었다.

특히 아들이 무서워서 잘못했다고 빌고 하는 행동은 절대 해서는 안된다고 단호하게 말해 주었다. 어머니가 잘못한 부분에 대해서 아들에게 미안하다고 말할 수는 있지만 아들 앞에서 당당해지라고 당부했다.

③ 어머니가 행복해지기

나는 일단 어머니가 행복해져야 함을 강조했다. 어머니 자신을 위한 시간을 만들 것을 권했다. 그리고 소소한 일에 작은 성취감을 느껴야 마음의 건강을 되찾을 수 있다고 전했다. 이제라도 어머니가 좋아하는 것을 하라고 했다. 그동안 상처받고 힘들었던 어머니 자신을 소중하게 여기고 돌봐 주자고 했다.

어머니는 한 번도 자신을 생각하고 살아 본 적이 없다고 하였다. 누군가 자신에게 이렇게 말해 주는 게 처음이라며 고맙다고 하였다. 그런데 어머니는 돈도 없고 좋아하는것도 없다고 한숨만 쉬었다. 나는 음악이나 산책 등 소소한 일상에서 기분 좋아지는 것을 찾으라고 했다.

어머니는 노력해 보겠다며 마음이 한결 가벼워졌다고 했다. 사실 최선의 방법은 아들과의 분리일 것이다. 그 환경으로부터 벗어나야 편하게 숨을 쉴 수 있을 것 같았다.

■ 학생 상담 요약

어머니가 학교에 다녀간 후로 민준이는 며칠 동안 학교를 나오지 않았다. 아이가 학교에 나온 날 담임 교사가 상담실로 데리고 왔다. 민준이는 아주 얌전한 모습이며 예의 바르고 수줍기까지 했다.

학교생활은 어떤지 물어보니 괜찮다고 했다. 친구 문제도 특별한 게 없다고 하고 단지 학교를 다니기 싫다고 했다. 나는 민준이가 어머니에게 했던 폭력에 대한 얘기는 언급하지 않았다.

자퇴하고 싶은데 어머니가 졸업은 하라고 해서 서로 사이가 안 좋다고 했다. 나는 학업 중단 숙려제를 제안했다. 자퇴에 대한 결정이 올바른지와 자퇴 후 무엇을 할지에 대한 얘기를 했다. 불확실한 미래를 걱정하는 민준이에게 홀랜드 직업 적성 검사를 하였는데 관습형으로 나타났다. 조직적이고 안정적이며 체계적인 일을 좋아하는 유형이다. 민준이는 공무원이나 회계 분야 일을 하고 싶다고 했다.

심리 검사 결과 스트레스 검사(PITR)에서 빗줄기가 약하고 우산 속에 작은 사람을 위에 그렸다. 본인은 별로 스트레스 상황이 아닌 것으로 보이며 위축된 모습과 불안이 보였다. 집, 나무, 사람(HTP) 검사에서는 일직선상에 단순하게 묘사하고 질문에는 별로 답을 하지 않았다. 무기력하고 자신감이 없어 보였다.

어느 때 화가 많이 나느냐고 하니까 엄마 때문이라고만 했다. 그냥 집안 분위기가 싫다고 했다. 자신이 태어나고 싶어 태어난 것도 아니고 자식을 낳았으면 잘 키워야 한다고 했다. 다른 집 애들이 부러웠고 이런 거지 같은 집에서 살아야 하는 것이 화가 난다고 했다. 민준이는 억압된 감정을 쏟아냈고 집안 환경에 대한 불만을 토로했다.

사춘기가 되고부터 집이 너무 좁아서 사적인 공간이 없어 불편했고 부모에 대한 원망과 불만으로 공격적으로 변해 갔다. 민준이의 심리는 내면에 억압된 감정 즉 화가 가장 만만한 대상인 엄마에게 투사된 것으로 보여진다. 그런데 이런 폭력적인 행동을 제어할 힘 있는 사람이 아무도 없었다. 민준이에게 엄마의 입장을 생각해 본 적 있냐는 말에는 아무 말도 하지 않았다. 나는 민준이에게 "엄마가 미숙한 점이 있지만 최선을 다한 것이고 모든 부모가 완전한 존재일수 없다."고 했다. 그리고 엄마가 몸과 마음이 힘들어서 그런 것이니 소중한 가족으로 받아들이고 이해하면 좋겠다고 말했다. 아이러니하게도 그 반에 수업 들어가는 교사들은 민준이가 얌전하고 조용한 아이이고 폭력적이거나 과격한 행동을 본 적이 없다고 했다.

민준이는 숙려제 상담 기간이 끝나고 위탁 교육 기관인 대안 학교에 갔다. 3학년 때는 다시 원래 학교로 돌아와서 무사히 졸업을 하였다.

역기능적 가족

이 사례는 부적절한 패턴을 반복하는 역기능적 가족의 모습입니다. 정서적으로 안정되지 못한 부부가 결혼함으로써 가족의 문제와 갈등을 이미 원가족에서 전수받았고 자신이 경험했던 원가족에서의 관계 방식을 계속 이어가게 된 것입니다.

샤티어는 역기능 가족의 가장 중요한 패턴이 "낮은 자존감"이라고 했습니다. 건강하지 못한 부모가 치유되지 않은 채 결혼하여 자녀와의 관계맺기에서 다시 상처를 입게 되었고 자녀 역시 건강하게 성장하지 못한 안타까운 사연입니다.

결혼 전 상처 치유와 부모 교육이 절실히 요구됩니다. 한편 사회 구성원의 적극적인 관심과 지지가 필요합니다.

상담 후기

민준이는 고등학교 졸업 후 지방 대학 행정학과에 입학하였다. 그 후 거리에서 어머니를 만났는데 밝은 모습이었다. 시의 보조로 넓은 곳으로 이사를 했고 민준이는 대학생이 되어 학교생활을 잘하고 있다고 한다. 기숙사에 있는 아들이 코로나19에 걸리지 않을까 걱정을 했다. 아들과 떨어져 거리를 두게 되어 자연스레 관계가 개선된 것 같았다. 예전 일을 얘기하자 어머니는 기억을 못하고 있었다. 아마도 의식적으로 지워버린 것 같았다.

■ 투사

내면의 부정적인 면을 타인에게 옮겨 놓는 것이다. 즉 스스로 수용할 수 없는 욕망, 생각, 느낌을 다른 주체에게로 옮겨 놓는 방어 기제이다. 그것이 표출되는 방식은 대체로 혐오, 경멸, 비난, 분노의 방식이다. 이를 테면 민준이는 자신이 느낀 불편과 불만을 애꿎은 어머니에게 투사했던 것이다.

■ 분노

분노는 대상 상실의 감정 또는 돌아오지 않는 사랑을 의미한다. 탁닛한 스님은 "화는 우리의 적이 아니라 우리의 아기다. 그윽한 마음으로 화를 끌어안아야 한다."라고 했다.

신경증적 분노는 무의식에 억압되어 있는 분노가 외부의 사소한 자극에 터져 나오는 감정이다. 억압된 분노는 아기 때 형성된 것이며 특히 욕구를 좌절시키는 엄마를 향해 품는 감정이라고 한다. 표출되지 못한 채 억압되고 내면화된 분노는 언젠가 되돌아와서 우리의 삶을 공격한다고 한다.

우울, 불안, 공포, 자기 파괴적 행동도 억압된 분노와 관계가 있다.

사 례 17

[운동부 상담]
쌤 상담 한 번만 더 해주시면 안 돼요?

We클래스 우리가 희망이다! **도움주기**

▦ 운동부 아이들의 집단 상담

운동부 아이들은 교실에서도 교사들이나 다른 학생들과도 친해질 기회가 많지 않다. 수업 시간에 엎드려 자는 모습을 보면 곱지 않은 시선을 보내게 된다는 것을 아이들 역시 느끼고 있었다. 누군가의 통제 아래, 숙명처럼 운동해야 하는 처지라는 것을 어린 나이에 받아들이기는 벅찬 일이다. 아이들의 간절한 소망은 다른 학생들과 똑같이 등하교하는 생활이다. 나는 아이들의 고충을 잘 알기에 그들만을 위한 수업을 준비했다.

훈련으로 지쳐 있고, 수업 시간에도 따라가지 못해 매번 지적을 받고 오로지 코치 선생님과의 특별한 관계 맺기로 정형화되어 있는 아이들을 위해 그 시간만큼은 따뜻하고 편안하게 해주려고 노력했다.

아이들이 유일하게 눈이 반짝이고, 집중하는 시간은 매달 한 번씩 이루어지는 상담실에서의 집단 상담 시간이다. 마음껏 풀어져도 되고, 그나마 이야기를 털어놓으며 숨통이 트이는 화기애애한 시간이다.

자신감이 부족하고 단순하고 감정 표현에 미숙한 운동부 아이들에게 자존감 향상 프로그램을 주로 실시했다. 그리고 자유롭게 감정 표현을 하도록 하였고 배려하고 공감하는 프로그램도 진행했다.

심리 검사를 통해서 자신의 이해뿐 아니라 서로 이해하는 계기가 되었다. 아이들은 무섭기만 하던 선배들과도 편하게 되었다. 아이들은 이렇게 서로가 한층 더 친밀해지고 결속되어 갔다. 처음에는 전혀 집중하지 못하고 고삐 풀린 망아지들처럼 교실 안은 시끄럽고 난장판이었다. 그때 나는 아이들에게 더 이상 수업할 수 없으니 교실로 돌아가라고 엄포를 놓았다.

그 후로 아이들은 서로에게 주의를 주며, 수업 태도도 많이 달라졌다. 운동부 아이들은 수시로 상담실을 들락거리고 휴식처로 삼았다. 위클래스에서 매일 점심시간에 실시하는 힐링 타임 시간에도 가장 시끄러운 단골 손님이었다.

● 쌤 상담 한 번만 더 해주시면 안 돼요?

"1주일에 한 번씩 상담하면 안 돼요?" 하며 상담하는 날만 기다리던 아이들은 감독 선생님보다 나와 더 친해지게 되었고 나를 많이 의지하게 되었다.

겨울 방학 이틀 전, 운동부 종석이가 상담실에 고개를 빼꼼히 내밀며 "쌔~앰" 하고 나를 불렀다.

"상담 한 번만 더 해 주시면 안 돼요? 우리에게는 너무 큰 도움이 돼요."

종석이가 나를 졸라댔다. 도움이 되었구나 싶어 고마운 생각이 들면서도 한편으로는 마음이 짠했다. 방학이 되면 아이들은 눈 내린 마당을 뛰어다니는 강아지처럼 기뻐서 날뛰는데 운동부 아이들은 낙이 없다. 방학 때도 동계 훈련을 해야 하기 때문이다. 운동부 아이들의 고된 일상이 그려지면서 마음이 애잔했다.

● 어제 코치 샘한테 맞았어요

매달 실시하는 운동부 집단 상담이 끝난 어느 날, 별이가 상담실로 들어왔다. 자그마한 체구의 별이는 하얗고 핏기 없는 얼굴로 풀이 죽어 있었다. 아이는 머뭇거리며, 하고 싶은 말을 하지 못하고 있었다. 나는 가만히 기다렸다.

"어제 코치 샘한테 맞았어요." 힘없이 말을 했다 (상담 내용은 개인 정보 보호를 위해 수록하지 않음.)

학교에서는 교육청과 학교 전담 경찰에 신고하였고 원스톱으로 아동 보호 전문 기관에 연결되었다. 다른 아이들까지 전수 조사를 하였는데 많은 학생들이 운동부 내에서 욕설과 구타가 있었음을 실토했다.

그 당시 나는 20명이 넘는 운동부 아이들에게 문장 완성검사(SCT)를 실시했다. 그 결과 하나같이 아이들은 지쳐 있었고, 힘든 상황이 고스란히 적혀 있었다. 운동부의 고립되고 특수한 상황을 반영하고 있던 검사 결과였다. 별이를 상담한 이후 운동부 아이들은 줄줄이 나에게 개인 상담을 신청했다.

아이들은 진로 문제부터 시작해 운동부 생활에 대한 고충과 부모님과의 갈등 등 이야기를 봇물 터진 듯 쏟아냈다. 내가 아이들의 문제를 모두 해결해 줄 수는 없어도, 자신들의 이야기를 쏟아내는 것만으로도 아이들은 편안해하는 모습이었다.

● 내가 바라본 운동부의 현실

학교에서는 운동부 학부모들에게 이 사실을 알렸고, 다음 날 잔뜩 분노한 부모들은 교장실로 향했다. 그리고 그들이 교장 선생님에게 했던 말은 의외였다.

"아이들을 위해서 열심히 지도하다 보면 그럴 수도 있는 일"이라고 하며 "코치 선생님의 직무를 정지시키면 어떡하냐?"고 당장 풀어 줄 것을 요구했다. 며칠 있으면 시합에 나가야 하는데 훈련을 못하면 안 된다는 것이다.

그리고 부모들은 아이들을 만나 설득하기 시작했다.

"엄마도 예전에 엄청 맞고 운동했어, 그게 힘들면 어떻게 인생을 살아가니?"

"그래서 대학 갈 수나 있겠어? 네가 참고 더 열심히 운동해야지."

운동부 부모들 중에는 과거 선수 생활을 했던 분들이 많았다.

그 모습을 본 운동부 아이들이 하는 말은: "엄마들이 미쳤어요."였다. 아이들은 무엇인가 변화를 기대했는데 오히려 야단만 맞았다.

매스컴에서 종종 운동부 폭력 사건에 대한 뉴스를 접할 때마다 '운동부 내에서의 폭력이 왜 해결되지 않을까?' 의문이었으나 나는 이번 일로 완전히 그 해답을 찾을 수 있었다.

이 아이들은 대학을 가기 위해서 무조건 메달을 따야 하고 몸을 혹사시키고, 다치기도 하며 마음에는 상처를 안고 매일매일을 견뎌내고 있다. 운동부 아이들에게 코치의 말은 곧 법이고, 코치는 곧 신과도 같은 존재였다. 이것이 내가 본 우리나라의 운동부 학생들의 현실이다.

● 운동부 상담의 허와 실

이 사건으로 나는 코치와 상담할 기회를 가졌다. 나는 그에게 이렇게 말했다.

"선생님은 훌륭한 코치이십니다. 메달도 많이 따고, 늘 좋은 성적을 냈어요. 다만 아이들 이야기에 귀 기울여 주시고, 아이들이 자율적으로 체급도 정할 수 있게 조금만 더 신경 써 주신다면, 지금보다 더 좋은 성과를 낼 수 있을 것이라고 생각합니다."

코치에게 그동안 운동부 아이들을 상담하며 모아 둔 많은 분량의 자료를 보여 주었다.

그는 무척이나 놀란 눈치였다. 하지만 내가 더 놀란 것은 상담 기록지의 코치 서명을 처음 보았다는 것이다.

나는 학기 초 선수 명단을 받아 상담 기록 서식지를 작성하였는데 거기에는 날짜와 상담 내용과, 상담 교사, 선수, 감독, 코치의 서명란이 있었다.

그럼 5년 동안 그 서명은 누가 한 것일까? 어처구니없는 일이다. 공들여 쌓아온 탑이 무너지는 순간이었다. 매번 운동부 상담 후 아이들 문제를 함께 공유하고 이야기하고자 했으나 이루어지지 않았다.

내가 좀 더 적극적으로 제안하지 못한 탓도 있을 것이다. 아무튼 허탈한 기분이 들었다.

별이와 코치는 격리 조치가 되었으며 코치는 일정 기간 직무 정지 처분을 받았다.

◉ 코치님이 달라졌어요.

매번 집단 상담 수업 후에는 건의 사항을 받았다. 운동부 내에서 폭언이나 폭력에 대한 사항도 매번 확인했으나 아이들은 매번 없다고 대답했다. 이전에도 건의 사항을 감독 교사에게 전달했지만, 안타깝게도 많이 지켜지지는 않았다. 그런데 이번 일로 건의 사항 아홉 가지가 다 해결되었다고 했다.

건의 사항을 요약하면 "휴대 전화를 코치님 말고 담임 선생님에게 내고 수업 후에 받을 수 있도록 해주세요. 운동할 때 제발 물 좀 마실 수 있게 해주세요. 샤워기, 캐비닛 고장 수리해 주세요. 체중 감량을 자율적으로 알아서 할 수 있게 해 주세요. 폭언, 비하하는 말, 언어 폭력, 신체 폭력 등을 삼가 주세요." 등이었다.

그 후로 복도에서 아이들은 나를 만나면 한바탕 전쟁을 치르고 난 후 아군을 만난 듯 기뻐하며 "코치님이 달라졌어요." 하며 한층 밝아진 표정이었다.

　이렇게 크고 작은 소동이 일어나고 결국 별이는 타 지역으로 전학을 갔다. 이 사건의 종결은 검찰이 코치에게 내린 30시간의 상담(아동 학대 관련) 처분이었다. 어찌된 일인지 코치는 학교에서 요구한 견책을 받아들일 수 없다고 하였고 처벌이 금고형이 아닌 이상 채용에 결격 사유가 없다고 해서 재임용되었다.

　요즘 운동선수들의 과거 학교 폭력 사건이 피해자의 잇단 폭로로 드러나고 있다. 구단이나 협회에서도 단호하게 조치를 취하고 있고 학교 폭력의 심각성에 대하여 사회에 경각심을 일으키고 있다. 최근 프로배구 선수들의 학교 폭력 사건이 심각해지자 교육부에서는 학생 선수 인권 보호 관리 방안으로 폭력 피해 실태 조사 정례화와 학생 선수 상담 의무화 등의 내용을 2021년 2월에 각급 학교에 공문으로 배부하였다. 상담 교사나, 보건 교사, 체육 교사, 담임 교사로 상담 전담팀을 구성하라고 되어 있다. 아무튼 오늘도 고군분투하는 운동선수들이 육체적으로 힘들어도 상처 받지 않고 마음만은 편하게 자신의 길을 갈 수 있었으면 좋겠다.

심리학 노트

운동부 집단 상담 프로그램

① 자존감 향상 프로그램

① 장점 써주기

두 명씩 짝을 지어 상대방의 손 모양을 종이 위에 본을 떠 주고 손가락 다섯 곳에 장점을 써 주게 하였다.

아이들은 친구의 장점 쓰는 것에 인색했다. "얘는 장점이 없는데요."라고 하거나 단점을 써 주며 놀리기도 하였다. 상대의 장점을 쓴 후 본인의 손바닥에는 자신을 칭찬하고 격려하는 말을 직접 적게 하였다.

② 신체 본뜨기

석고와 알지네이트로 주먹 쥔 손 모양을 본뜨게 했다. 아이들은 자신의 신체 일부에 대해 소중함을 느끼고 자존감이 향상되어 감을 알 수 있었다.

③ 자아상 만들기

클레이로 자신을 표현하고 발표하는 시간을 통해 자신을 돌아보게 하였다.

② 공감 능력 향상 프로그램

① 장애 체험

눈을 가리고 안내자와 시각 장애인이 한 조가 되어 팀워크를 이루게 하였다.

② 공감해 보기

공감 대화 카드나 말풍선 그림을 통해 힘든 상황을 공감해 보는 시간도 마련했다.

③ 협동화 그리기

조별로 절대 말은 하지 않고 그림을 완성해 가는 것이다. 자신의 그림에 더 친절하게 다가오는 친구도 있고 망쳐 놓는 친구도 있다. 남을 배려하는 마음과 협동심을 배우게 되었다.

④ 자유 시간

가끔은 보드 게임을 하며 자유 시간을 가지게 했다.

③ 자신 이해 프로그램

① 발표하기

"나를 소개 합니다" 활동지를 활용하여 적고 발표하는 시간을 마련했다.

② 심리 검사

PITR, HTP, 풍경 구성화(LMP), MBTI, 화산 그림, 9분할법 등을 실시하였다. 자신의 이해뿐 아니라 서로 이해하는 계기가 되었다.

③ 분노 표출

우드록 뒷면에 화나는 일을 적게 하고 이쑤시개로 콕콕 찌르게 했다. 나중에 둘씩 짝지어 세게 팍 치는 것으로 시원하게 스트레스를 날려 보냈다.

부록 심리 검사 해석 및 위클래스 활동

심리 검사 해석

위클래스 활동

심리 검사 해석

- 스트레스 검사[PITR: Person In The Rain (빗속의 사람)]
- 나무 그림 검사

스트레스검사 해석 자료

"비가 내리고 있습니다. 빗속에 있는 사람을 그려주세요"

① 빗줄기의 양

빗줄기의 양은 스트레스양을 나타낸다. 빗속의 사람을 그리라고 했지만 그림에 비가 없거나 빗물이 아주 적으면 스트레스에 무딘 상태를 나타낸다. 그러나 빗줄기의 양이 많고 굵기가 굵으면 스트레스양이 그만큼 많음을 나타낸다.

② 비에 대한 대응

우산을 쓰거나 처마가 달린 집에 피해 있으면 내담자가 처해 있는 스트레스에 적절히 대응하고 있다는 것을 의미한다. 반면 대응 없이 비를 맞고 있으면 스트레스에 적절히 대응하지 못하고 있음을 의미한다.

③ 사람

그림 속의 사람 크기는 자아의 크기를 나타내고 표정은 자아의 표정을
나타낸다.

④ 기타

① 가로등: 애정, 지지, 관심을 나타낸다.

② 우산의 크기: 우산이란 스트레스에 대한 대응을 의미하는데, 우산
이 지나치게 클 경우는 스트레스에 대처하는 데 너무 많은 에너지
를 소모함을 뜻한다.

③ 천둥, 번개: 상당한 스트레스에 직면해 있음을 나타낸다.

④ 타인에게 우산을 씌워 주는 경우: 자신이 타인의 스트레스까지 막
아 주려는 것을 의미한다.

⑤ 상담 과정의 적용

① PITR은 스트레스를 측정하는 기법으로 그림을 보면서 상담사는 현
재의 그림이 나타나게 된 배경, 즉 현재 겪고 있는 스트레스에 대해
내담자와 이야기를 나눈다.

② 자신이 활용할 수 있는 대처 자원이 어떤 것이 있으며 이 방법이 자
신의 문제를 해결하고 해소하는 데 얼마나 도움이 되는지 이 자원
이외에 개발해야 할 자원은 어떤 것이 있는지 찾아보는 것이 좋다.

③ 대처 자원은 일상생활에서 직접 활용할 수 있도록 한다.

* 원래는 연필과 지우개를 사용하나 나는 더 많은 정보를 얻기위해
색연필을 사용했다.

1. 따돌림으로 극심한 스트레스를 겪은 상황(중2여)

엄청난 소낙비를 맞으며 우산을 쓰지 못하고 대처 방법도 찾지 못하고 있다.
사람이 윗부분에 올라가 있는것은 불안을 의미한다. 반대로 아래는 우울을
나타낸다.

2. 심한 우울과 스트레스(중2여)

"아무 곳이나 생각없이 막 걷고 돌아다니는 것" 같다고 말한다. 사람을 그리고 까맣게 개칠하고 그 옆에다 노란색으로 다시 그렸다. 이것은 자기 자신에 대한 갈등 상황을 나타낸다. 성격이나 태도 행동을 바꾸고 싶다고 아이는 말한다. 위에 있는 먹구름 또한 심한 우울과 예기 불안을 나타낸다.

3. 과중한 업무로 인한 스트레스 폭발(여교사)

신규 교사가 학기 초에 과중한 업무로 극도의 스트레스를 받는 상황이다. 비가 내리쏟는데 우산을 쓰지 않은 채 비를 맞고 있다. 스트레스 대처 방법을 못 찾고 있음을 나타낸다.

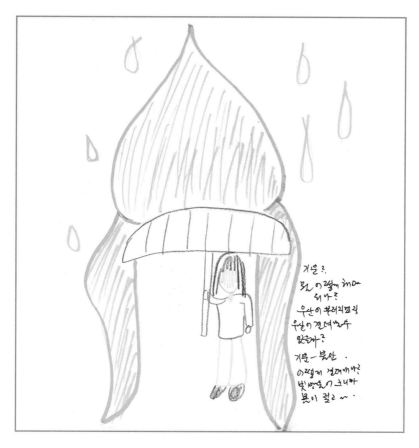

4. 감당할 수 없는 강도의 강한 스트레스(중3여)

커다란 우박과 큰 빗방울 속에서 가까스로 우산을 썼지만 역부족이다. 우박의
무게를 견디지 못하여 우산이 부러질 것 같다. 이 여학생은 학교 밖에서 절도
혐의로 경찰의 조사를 받고 있었다.

5. 머릿속에 생각이 많고 무기력한 모습(남교사)

사람의 신체 전체를 그리지 못한 것은 무기력한 상태를 나타낸다.
상대적으로 머리를 크게 그린 것은 생각할 것이 많다는 것을 뜻한다. 매우 작은
우산으로 비를 맞고 있다. 스트레스 대처 방법을 찾고 있으나 크게 도움이 되지
못하는 상황에 처해 있음을 알 수 있다. 이 교사는 학교 문제와 가정 문제로 힘든
상황이었다.

6. 즐거운 데이트(고1여)

빗속에서 데이트를 즐기는 중이다. 우산 속의 남녀는 즐거운 표정이다.

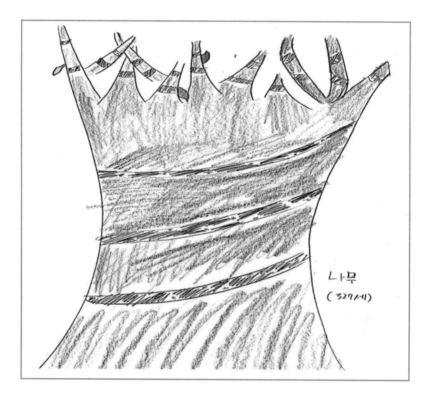

나무
(327세)

나무 그림 검사는 무의식적인 자기상이며 개인의 성격과 삶의 내용, 감정과 욕구를 반영하게 된다. 아동들에게는 발달 검사로도 적용된다.

1. 마음이 쓸쓸한 나무(고1남)

이 나무의 나이는 327세라고 했다. 나무 나이는 자신과 비슷한 것이 건강한 나무이다. 나무 둥치(trunk)는 자아 강도나 심리적인 힘을 나타낸다. 잎의 생략은 내적 황폐를 의미한다.

나무 둥치는 정신 세계를 말하며 나뭇잎은 정서적인 부분의 표현인데 마음이 쓸쓸한 나무이다.

2. 어릴 때 정서적 지지가 미흡한 나무(중3여)

나무의 뿌리는 안전에 대한 욕구, 현실과의 접촉 정도를 알 수 있다. 뿌리를 과도하게 강조한 것은 현실 접촉을 과도하게 염려하는 상태로 안정감 있게 이 땅에 뿌리 내리고 잘 서고 싶다는 소망으로 어린 시절 부모와 떨어져 살았을 가능성이 있음을 암시한다.

옹이는 상처를 나타내고 위에 솟은 가지들은 애정 욕구가 좌절된 아이에게서 보여지며 공격성을 의미하기도 한다.

3. 자아가 강한 나무(고1남)

굵은 둥치는 강한 자아를 나타내며 전체적으로 거대한 나무는 지배 욕구나
공격적인 경향과 과시욕이 있을 수 있다. 한편 나무의 윗부분이 잘린 것은
계획성 부족을 나타낸다. 그네는 휴식이 필요함을 나타내고 사과 열매는 의존
욕구나 애정 욕구와 관련이 있다. 사랑과 관심이 필요함을 나타낸다. 나무
둥치에 동물이 있는 동그란 굴은 엄마의 자궁을 의미한다.

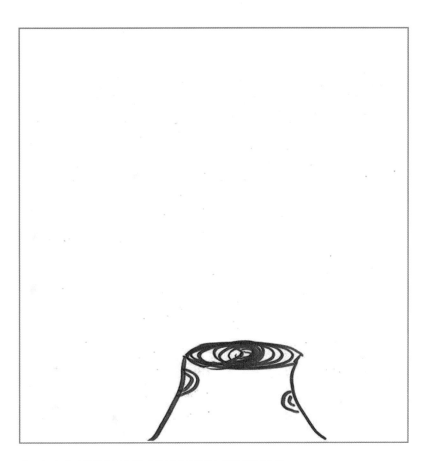

4. 가까운 사람의 죽음으로 좌절된 나무(고1여)

세월호 사건 때 사촌의 죽음을 겪은 후에 그린 그림으로 생이별의 안타까움을 느낄 수 있다.

5. 불가항력적인 사건으로 좌절된 나무(고1여)

"사람이 나무를 베어 버렸어요. 자기 기분에 따라 그냥요"
친오빠로부터 성폭행당한 아이의 그림이다. 트라우마로 인해서 불안과 분노,
무기력으로 정상적인 학교생활이 힘들었던 아이의 아픔이 고스란히 나타난
그림이다.

6. 외상 후 스트레스 장애 나무 (고1 남)

크리스마스 트리나 분재를 그릴 경우 심한 트라우마나 의존 욕구가 좌절되었을 때 나타나는 것이다. 분재는 어린 시절 양육자와의 갈등 상황이 있었거나 친부모와 떨어져 지냈을 가능성이 높다. 크리스마스 트리는 외상을 나타낸다.

친구의 따듯한 위로

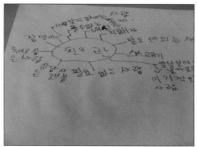

친구란 쓰레기(따돌림 학생)

친구란?

친구는 같은 짝의 신발이다

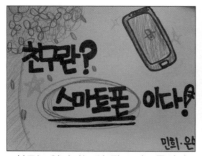

친구는 없어서는 안 될 스마트폰이다

학급 단위 심리 검사

위클래스 활동

① 솔리언 또래 상담반 동아리 활동

솔리언 또래 상담 동아리는 한국 청소년 상담 복지 센터 소속으로 20시간의 상담 기법 기초 과정을 이수하고 2학년 때 심화 과정에서 상담 실습 및 슈퍼 비전도 받는다. 그리고 또래 친구들을 상담하게 된다.

그 외에 연합 행사에 참여하고 교내 봉사 활동에도 참여한다. 점심시간에 힐링 타임 도우미, 학교 폭력 예방 캠페인, 친구 사랑 캐릭터 그리기 대회 보조, 애플데이, 솔크(솔리언과 함께 하는 크리스마스) 행사와 학교 축제의 체험 프로그램 등을 진행한다. 그 외에 미술 치료, 원예 활동, 심리 검사, 대학교 상담 센터 방문, 다문화 체험등의 활동을 한다. 이런 다양한 활동으로 우리 학교 솔리언 아이들이 관내 우수 또래 상담자로 연속 5회 수상하였다. 또한 대학의 자소서나 면접에 유용하게 쓰여서 명문대에 다수가 입학하는 쾌거를 이루었다.

애플데이

솔리언과 함께하는 크리스마스(솔크)

힐링 타임

힐링 타임

동아리 연합 행사

친구 사랑 캐릭터

학교 축제

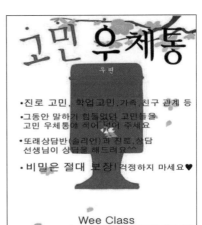

고민 우체통

학교 폭력 예방 캠페인

나의 소망 나무

애플데이 포스터

솔크 행사 포스터

② 교원 에듀 힐링 프로그램

교원 힐링 프로그램을 통해 교사들은 과중한 업무 스트레스를 풀고 자신을 긍정적으로 수용하게 되며 자존감 향상에도 도움이 된다. 먼저 교사가 행복해야 학생들에게도 좋은 에너지를 줄 수 있다. 모든 교사가 자발적으로 참여할 수 있게 하였으며 일괄 연수가 아닌 자유롭게 시간을 탄력적으로 운영하였다.

감사 케이크 만들기

성격 유형 검사(MBTI)

드라마 치료

원예 활동

음악 치료

자존감 향상 집단 상담

내가 운영했던 프로그램으로는 원예 치유 활동, 드라마 치료, 음악 치료, 미술 치료, 자존감 향상을 위한 집단 상담, 상처받은 내면 아이 집단 상담, 문화 공연, MBTI 등이었으며 애플 데이나 솔크 행사 때는 학생들과 교사들이 함께 참여하였다. 부서별 친선 도모는 물론 학교 구성원들 간의 소통과 이해로 행복한 학교가 되었다. 프로그램은 금요일 7, 8교시 혹은 시험 기간에 실시하였다.

③ 학업 중단 예방 프로그램

학교생활 부적응, 자퇴 징후가 있는 학생들을 대상으로 학생들 요구에 맞게 다양한 예방 프로그램을 진행하였다.

관계 증진 프로그램으로 친구 사랑 손편지 쓰기(애플데이, 솔크 행사), 힐링 타임, 허그데이, 하이파이 등이 있었으며, 진로 찾기 프로그램으로는 직업 탐방, 진로 체험(바리스타, 메이크업, 목공예 등)이 있었다. 심리 정서 프로그램으로는 원예 활동, 미술 치료, 케이크 만들기 등이 있었으며 문화 체험 프로그램으로는 매주 목요일 점심시간에 '즐기고(go), 신나고(go), 아형고, go,go,go' 라는 우리 학교만의 특색 사업으로 노래와 춤 등 자신의 재능과 끼를 친구들 앞에서 마음껏 펼치도록 하였다. 아이들의 반응은 폭발적이었으며 상품도 주어졌다.

학습 향상 프로그램으로는 독서 교실에서 책읽기를 통한 학습 동기 부여 활동이 있었다. 그리하여 우리 학교는 학업 중단 예방 우수 학교로 교육부 장관 표창도 받았다.

바리스타

메이크업 아트

염색 공예

원예 활동

미술 치료

케이크 만들기

④ 미술 심리 이해반

방과 후 특기 적성 프로그램으로 방학 때마다 미술 심리 이해반을 운영하였다. 심리학이나 사회 봉사 관련 학과에 관심 있는 학생들이 주로 참여하였다. 미술 치료는 다양한 매체를 활용하여 말로 표현하기 힘든 무의식적인 감정이나 생각을 의식화하는 작업이다. 억압된 감정 표출과 내면의 갈등을 해소하고 심리적인 안정을 찾는 심리 치료의 일종이다.

신체 본뜨기

풍경 구성화(LMP)

자아상

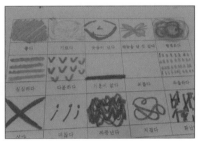

감정색 표현하기

콜라주(진로탐색)

데칼코마니

매체로는 물감, 클레이, 석고, 찰흙, 잡지, 커피 가루, 우드록 등 다양하며 심리 검사로는 HTP, PITR, LMP, MBTI, 새둥지화, 화산 그림 등을 실시하였다. 그 외의 미술 활동으로는 감정색 만들기, 자아상, 신체 본뜨기, 콜라주, 데칼코마니, 분노 표출하기 등이 있었다. 아이들은 자신의 무의식과 내면 세계를 알게 되고 신기해하였다. 이와 같은 활동을 통하여 학생들은 타인에 대한 이해와 공감 능력과 자존감을 높일 수 있었다. 아울러 진로 탐색도 이루어지고 종합 생활 기록부에도 기재되었다. 대학 진학 때 자기소개서에 유용하게 활용되어 원하는 대학에 진학하는 학생들을 보며 큰 보람을 느꼈다.

⑤ 운동부 집단 상담

미술 치료

협동화 그리기

소중한 나

LMP(풍경 구성화)

장애 체험

신체 본뜨기

에필로그

이 글을 쓰며 아이들을 다시 만나 참 많은 새로운 경험을 하게 되었습니다. 세월이 한참 흐른 후에 마주한 얼굴들이지만 우리는 마치 어제 만난 것처럼 금세 친밀한 분위기에서 장황하게 이야기 꽃을 피웠습니다. 그리고 그 전에 몰랐던 아이들의 속마음까지도 새롭게 알게 되었습니다.

아이들은 자신의 이야기가 책으로 세상 밖에 나온 것에 희열을 느끼며 힘든 시절에 대한 보상을 받은 것 같다며 좋아했습니다. 아이들은 저마다 목소리를 내고 싶어 했습니다. 그 이유는 자신들처럼 힘든 친구들에게 한마디라도 위로의 말을 전하고 싶었기 때문입니다. 비슷한 아픔을 겪고 있는 친구들에게는 실제 경험에서 나온 이 아이들의 진솔한 이야기가 그 어떤 가르침 보다 훨씬 영향력 있는 도움이 될 것입니다.

아이들은 자신의 이야기를 읽으며 눈물을 흘렸습니다. 이는 어린 시절의 자신이 불쌍하기도 하고 한편 잘 버텨 줘서 대견해서라고 했습니다

아이들에게 이 글을 되돌려 주었을 때 과거의 어려움이 어떠한 경험이었는지를 스스로에게 질문을 던지며 자신을 객관적으로 볼 수 있게 되었습니다. 그리고 책의 심리학 노트에 담긴 심리적 기전을 읽으며 자신을 이해하는 계기도 되었습니다.

그뿐만 아니라 자신의 글 속 인물이 미러링되어 또 한 번의 회복의 경험이 되기도 했습니다. 그렇게 아이들은 또 한발 앞으로 나아가며 더욱 마음을 다잡아 살아 갈 수 있는 힘을 얻었습니다.

교사와 학생, 상담자와 내담자와의 단순한 만남이 아닌 진정 인간적인 해후였던 것입니다. 이렇게 세월이 흘러서도 교감을 이루는 연결 지점이 있다는 것이 너무나 감사할 뿐입니다.

한 아이의 인생의 길목에 아직도 내가 존재하고 또 영향을 미치고 있다는 것이 가슴 벅찬 일입니다.

오랫동안 연락이 되지 않았지만 한걸음에 달려와서 적극적으로 협조해 준 나의 사랑스러운 제자들에게 고맙다는 말을 전하고 싶습니다. 아이들 모두 이 책의 공동 저자입니다. 내가 의도하지 않았지만 추수 상담이 자연스럽게 이루졌고 아이들에게 애프터서비스를 확실하게 해 준 셈입니다. 덕분에 아이들과의 은밀한 관계는 아직도 현재 진행형입니다.

마지막으로 김윤나 작가의 말을 빌려 아이들에게 이렇게 말해 주고 싶습니다.

"샘은 너희들을 믿어, 너희가 상처보다 더 크고, 아픔보다 더 강한 사람이란 걸 믿는다. 너희에게는 상처를 넘어설 만한 힘이 있다는 것을, 그리고 계속해서 앞으로 나아가게 될 것임을 너희 스스로도 믿어 주면 좋겠다."

지금 손 내밀어 봐 도와줄게 – 고충 유형별 연계 기관

학교 폭력 및 가출
- 학교폭력 신고 상담센터 117, 117chat
- 학교 폭력 SOS 지원단 1588-9128
- 도란도란(http://dorandoran.go.kr)
- 햘프콜 청소년 전화 1388
- 한국청소년쉼터 협의회 02)403-9171
- 안전 dream(www.safe182.go.kr) 실종아동신고
- 경찰청 신고 민원 포털 112 (www.cyber112.police.go.kr)
- 한국 청소년 쉼터 협의회 02)403-9171
- 해맑음 센터(학교폭력 피해자 심리 치유기관) 070-7119-4119

자살
- 자살예방 상담 (24시간) 1393
- 생명의 전화 1588-9191
- 청소년 사이버 상담센터 1388
- 정신건강복지센터(전국)
- 한국 자살예방협회 02-413-0892
- 다들어줄개: 실시간 모바일 상담서 비스(0000플러스친구)

성폭력
- 여성긴급전화 1366
- 한국성폭력상담소 02-338-5801~2
- 탁틴내일 02-3141-6191

- 아하 청소년 성문화센터 02)2676-1318
- 해바라기센터(전국)

아동 학대 및 가정 폭력
- 중앙아동보호전문기관 112
- 중앙가정위탁지원센터 1577-1406
- 보건복지상담센터 129
- 한국가정법률상담소 1644-7077
- 건강가정지원 센터(전국)

인터넷 과의존
- 청소년사이버상담센터 1388 (https://www.cyber1388.kr)
- 한국정보화진흥원 스마트쉼 센터 1599-0075
- 청소년미디어중독예방센터 02-793-2000
- 학부모정보감시단 02-706-4452
- 국립청소년인터넷드림마을 063-323-2287

기타 상담
- 상다미 쌤: 실시간 모바일 심리상담 서비스(0000채널)
- 위(Wee) 닥터: 정신과 전문의 원격 화상자문 서비스
- 위(Wee) 학생위기상담종합지원서 비스
- 일반고등학교 직업교육 위탁 기관 고용노동부 http//www.hrd.go.kr
- 진로진학 싸이트: 워크넷, 커리어 넷

찾아보기

참고 문헌

· 이정현(2014). 심리학 열입곱살을 부탁해. 걷는나무

· 홍성남 (2014). 심리학 이탈출기를 말하다. 타우 영성심리상담소

· 김형경(2004). 사람풍경. 아침바다

· 좌백의5인(2012). 어쩌다 보니 왕따. 우리학교

· 최정윤(2016). 심리 검사의 이해. 시그마프레스

· 이승민(2014). 상처받을 용기. 위즈덤하우스.

· 김윤나(2019). 당신을 믿어요. 카시오페아

· 웰시(2019). 토닥토닥 마음톡. 리듬문고

· 경기도 교육정보 연구원(2009). 학교상담지도서 관심의 기술

· 경기도 안산교육지원청(2019). 회복적 조정 훈련 매뉴얼. 안산교육지원청

· 경기도교육청(2020). 2020학년도 학업 중단 숙려제운영 매뉴얼. 경기도 교육청

· 교육부(2020). 2020. 학생정서· 행동 특성 검사 및 관리 매뉴얼. 학생정신건
  강지원쎈터

· 교육뷰(2020). 학생자해대응 교사용 안내서. 교육부

· 서울시 카운슬러 협회(1998). 학급담임 상담가이드

· 한국교육개발원(2019). 위(Wee)클래스 운영가이드북. 교육부